图书在版编目(CIP)数据

中外合作办学可持续发展研究/汪建华等著. —上海:
华东师范大学出版社,2020
(教育国际化丛书)
ISBN 978-7-5760-1041-1

Ⅰ.①中…　Ⅱ.①汪…　Ⅲ.①国际合作-联合办学-
研究-中国　Ⅳ.①G522.7

中国版本图书馆 CIP 数据核字(2020)第 241044 号

教育国际化丛书

中外合作办学可持续发展研究

著　　者　汪建华等
责任编辑　彭呈军
特约审读　陈雅慧
责任校对　刘苏苏　时东明
装帧设计　高　山

出版发行　华东师范大学出版社
社　　址　上海市中山北路 3663 号　邮编 200062
网　　址　www.ecnupress.com.cn
电　　话　021-60821666　行政传真 021-62572105
客服电话　021-62865537　门市(邮购)电话 021-62869887
地　　址　上海市中山北路 3663 号华东师范大学校内先锋路口
网　　店　http://hdsdcbs.tmall.com

印 刷 者　上海展强印刷有限公司
开　　本　787×1092　16 开
印　　张　10.5
字　　数　201 千字
版　　次　2020 年 12 月第 1 版
印　　次　2020 年 12 月第 1 次
书　　号　ISBN 978-7-5760-1041-1
定　　价　38.00 元

出 版 人　王　焰

(如发现本版图书有印订质量问题,请寄回本社客服中心调换或电话 021-62865537 联系)

"教育国际化丛书"编委会

顾　问
苏　明

主　任
丁晓东

副主任
杨伟人

编　委(以姓氏笔画为序)
冯　晖　　刘江园　　刘苹苹　　芦莉莉　　汪建华　　栾雪莲　　葛静怡

前言

我国中外合作办学事业经过几十年的发展,已经从数量和规模扩张的外延式发展阶段迈入注重质量提升的内涵式发展新阶段。为此,近年来我国教育行政部门高度重视中外合作办学的内涵建设,逐步优化完善中外合作办学监管制度的顶层设计,为中外合作办学的可持续发展规划了健康发展之路。2016 年,中共中央办公厅、国务院办公厅印发了《关于做好新时期教育对外开放工作的若干意见》。该意见为我国新时期开展中外合作办学工作指出了明确的方向,是指导我国各级各类教育机构今后开展中外合作办学工作的纲领性文件。2016 年教育部首次在全国范围内正式建立中外合作办学的年度报告制度。这是继中外合作办学评估制度建立以来,中外合作办学质量监管制度上又一具有里程碑意义的事件。

在中外合作办学持续推进内涵建设的过程中,我们充分利用目前中外合作办学项目的相关公开信息和数据开展了一次深入的研究,为切实保证研究中共性指标的统计分析和个性指标的挖掘,我们力争在研究过程中形成一份科学客观、条理清晰、内容详实的中外合作办学可持续发展研究报告,并在该研究的基础上编撰成书,回应社会对中外合作办学的关切,同时也将中外合作办学党建工作、境外优质教育资源引进、依法合规办学等新时期中外合作办学的工作重点和要求融入本研究报告中,体现出新时期教育行政主管部门开展中外合作办学监管工作的方针与思路。

本书聚焦于我国本科及以上中外合作办学项目的境外教育资源引进情况,重点通过对我国 2016 年度本科及以上中外合作办学项目在学生培养、师资建设、教学组织、项目管理等办学情况的梳理,重点分析了中外合作办学项目引进境外优质教育资源的现状与问题,旨在促进办学单位切实重视中外合作办学项目的内涵建设,同时也为教育行政部门准确掌握当前中外合作办学项目的实际办学情况,从而为进行科学决策和管理提供可靠的依据。

本书的结构和框架是:第一章,引言;第二章,发展情况;第三章,学生培养;第四章,师资建设;第五章,教学组织;第六章,管理制度;第七章,总结与展望;附录。需要说明的是,本报告的数据来源主要包括教育部中外合作办学监管工作信息平台及相关研究文献等公开信息。其中关于中外合作办学项目数量、办学单位、办学层次、专业类别、合作国家和地区等基本数据来源于教育部中外合作办学监管工作信息平台;有关项目的具体办学信息,如招生、毕业生、中外方授予学位人数等数据来源于各本科及以上中外合作办学项目公开数据。除 2016 年新批项目的相关内容外,纳入本研究报告统计范围的项目批准时间均在 2016 年及以前,办学有效期在 2016 年 1 月 1 日及以后,且未被教育部批准停办的本科及以上层次中外合作办学项目(含内地与港澳台地区合作办学项目)。

本书由上海市教育评估院总体设计编写框架和研究思路,并负责统筹、协调、修改和统稿等工作。上海市教育评估院受教育部和上海市教育委员会委托,常年承担中外合作办学领域多项重要评估和研究工作,此次来自多所高校和研究机构在中外合作办学领域具有丰富管理与研究经验的人员共同参与完成该书的编写工作。上海市教育评估院汪建华同志负责本报告的总体设计和统筹工作,各部分执笔人如下:第一章,王薇(上海市教育科学研究院);第二章,汪建华、侍伟民(上海市教育评估院)、王长波(华东师范大学);第三章,李梅、戴婕(华东师范大学);第四章,李梅(华东师范大学)、赵璐(西交利物浦大学);第五章,汤逾玲、刘芹(上海理工大学);第六章,万旺根、刘飞、来慧洁、李勇、戎艳、孟洋(上海大学);第七章,胡珍(上海师范大学天华学院);附录,侍伟民(上海市教育评估院)、王薇(上海市教育科学研究院)。上海市教育委员会原主任薛明扬教授、上海市教育委员会原副主任王奇教授、上海市教委国际交流处原调研员蔡盛泽等专家在百忙之中为本书审稿,全书由汪建华、侍伟民统稿。研究成果是集体智慧的结晶,在此向各位参加研究与编写的专家以及给予指导与帮助的同仁表示衷心的感谢。

受编写时间及各中外合作办学项目公开的相关办学信息所限,本书的内容难免有疏漏之处,敬请广大读者批评指正,以共同推动未来我国中外合作办学事业发展及相关研究工作水平更上一层楼!

编 者

2020 年 8 月

目录

第一章 引言

一、研究对象

本研究报告聚焦于本科及以上中外合作办学项目 2016 年度的办学情况。与中外合作办学机构相比,中外合作办学项目在数量上占了绝对多数,是中外合作办学的"主力军",也是大多数高校开展中外合作办学工作的主要形式。不仅如此,中外合作办学项目在其开设专业、合作国家和地区的广泛性等方面也都有自身明显优势,为我国中外合作办学事业的发展和教育国际化水平的提高做出了积极的贡献。

此外,本科及以上中外合作办学项目数量大、涉及面广、情况复杂,其质量建设难度高、任务重、意义大。从某种程度上来说,只有本科教育质量的不断提升,研究生教育才有可能更好地发展。本研究报告将对本科及以上中外合作办学项目的办学现状进行梳理,及时发现存在的问题,并给出合理建议。

二、研究资料/数据来源

(一) 国家行政主管部门近年出台的有关中外合作办学项目的政策文件

本研究报告中涉及的有关我国中外合作办学项目的政策发展趋势研究,基于党中央国务院、国家教育部等主管部门近年来公布的规划文本、政策文件,以及近年来采取的相关工作举措。

(二) 已公开的各级各类中外合作办学项目年度自评报告

教育部于 2013 年底发布了《关于进一步加强高等学校中外合作办学质量保障工作的意见》(教外司办学〔2013〕91 号),明确提出了要"建立全国中外合作办学年度报告发布制度。鼓励各地区建立本地区中外合作办学年度报告发布制度。各高等学校要加强中外合作办学信息公开工作,主动通过校园网等媒介公示办学情况,接受学生和社会的监督"。而各级各类举办中外合作办学项目的高校在教育部相关文件的指导下,也继续开展中外合作办学项目年度自评工作,从项目背景和特色、培养方案、师资队伍、教学质量监控、财务管理等方面做出自我评价,上报至教育部审核备案,并在学校网站进行对外公示。

本项目的研究将基于相关学校的对外公开资料,以中外合作办学项目的办学实践为出发点,反映《国家中长期教育改革和发展规划纲要(2010—2020年)》(以下简称"《教育规划纲要》")颁布与实施以来全国中外合作办学项目的发展状况与趋势,聚焦于我国本科及以上层次中外合作办学项目2016年度的办学情况。

(三)教育部教育涉外监管信息网公开数据

本研究报告中的其他相关办学信息,如无特别说明,均来自教育部教育涉外监管信息网公开数据。

三、研究目的

(一)推动我国中外合作办学项目质量督查机制的建立

《教育规划纲要》颁布以来,尤其是党的十八大以来,本科及以上中外合作办学项目数稳步增长,贯穿整个高等教育层次,办学模式、类型向多样化方向发展。为保障中外合作办学项目质量建设,在国家政策的鼓励下,一些社会组织也积极开展中外合作办学的第三方评估认证。例如,中国教育国际交流协会自2012年开启了对高等教育中外合作办学的质量认证试点工作,已对包括高等教育阶段中外合作办学在内的10余个中外合作办学机构和项目开展了质量认证。

总体来看,十八大以来,国家教育行政主管部门出台了一系列政策和措施,对我国高等教育中外合作办学进行了顶层设计,已取得明显成效,但是在督查过程中也发现了一些问题,如个别地方和单位存在办学目的不端正、片面逐利倾向、办学整体质量不高等情况,急需对中外合作办学项目进行质量督查并及时纠正。中外合作办学项目的研究报告将对全国范围内的中外合作办学项目进行系统梳理,总结经验,并发现问题,有利于我国中外合作办学项目质量督查机制的建立,有利于进一步推进以提升内涵建设为核心的中外合作办学项目长效发展机制建设,进一步规范办学管理,加强常态化监督。

(二)总结经验以促进我国中外合作办学项目更好的发展

开展我国中外合作办学项目的研究,是全面系统反映中外合作办学项目办学实际,完善中外合作办学项目质量反馈机制,及时回应社会关切,接受社会监督,也是建立健全中外合作办学监督管理和社会评价体系的重要环节。继 2019 年研究团队启动编制《中外合作办学发展路径研究》,首次对本科以上中外合作办学项目的办学情况进行全面总结和梳理之后,2020 年研究团队再次编制《中外合作办学可持续发展研究》。本报告将继续向社会反馈我国本科以上层次中外合作办学项目内涵建设各个环节的工作实际,以不断健全与完善中外合作办学项目的监督管理机制,促进中外合作办学项目办学质量和水平的提升,加快推进教育综合改革,构建与社会经济发展和学生成长成才相匹配的中外合作办学体系,并在此基础上,形成可复制可推广的办学经验,更好地促进我国中外合作办学项目的改革发展。

四、研究意义

本研究报告全面总结了近年来,特别是 2016 年度我国中外合作办学项目现状和发展情况,有利于全面系统地了解我国中外合作办学项目在学生培养、师资建设、教学组织、项目管理等方面的成功经验,发现其存在的问题,制定改善措施;有利于为教育行政部门科学决策提供参考依据,便于宏观调控,优化资源配置,保证我国中外合作办项目的稳定持续发展;有利于通过信息公开的手段宣传我国中外合作办学事业的最新进展,并接受社会监督。

五、研究团队

由上海市教育评估院牵头,组织上海市教育科学研究院、华东师范大学、上海大学、上海理工大学、西交利物浦大学、上海师范大学天华学院等研究人员成立"中外合作办学项目研究团队"。在对全国中外合作办学项目办学与管理情况进行认真梳理和总结的基础上,对中外合作办学项目的内涵建设展开深入研究。

六、编撰特点

《中外合作办学可持续发展研究》力争全面反映我国中外合作办学项目当前内涵建设的相关情况,包括政策制度、学生培养、师资建设、教学组织、项目管理等中外合作办学发展的主要内容,以对 2016 年本科以上中外合作办学项目办学情况的分析研究为切入点,重点聚焦于境外教育资源引进,结合静态数据和动态数据分析,将不同年度的相关数据进行比较,反映近年来我国中外合作办学在内涵建设方面的成果与特色。

第二章　更趋合理：不断优化结构的项目现状

本章根据教育部中外合作办学监管平台的相关信息和 2016 年各本科及以上中外合作办学项目公开数据，运用文字与图表相结合的形式对中外合作办学的基本现状进行统计分析。

第一节　2016 年中外合作办学项目基本状况

一、各省市区中外合作办学项目数量

2016 年，我国除青海、宁夏和西藏外的 28 个省市自治区均有高等教育机构举办本科以上层次中外合作办学项目，共计举办 903 个项目，其中包括本科项目 757 个，硕士项目 130 个和博士项目 16 个。这些项目的分布情况见图 2-1。目前我国中外合作办学项目的

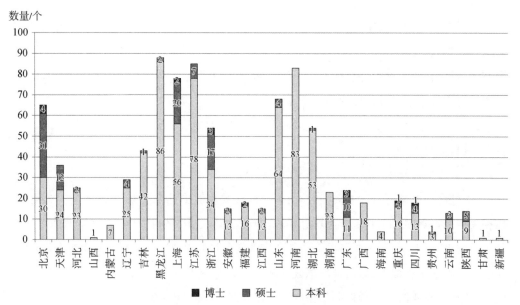

图 2-1　2016 年我国各省市自治区本科及以上层次中外合作办学项目数量

办学层次以本科层次为主,约占项目总数的83.8%。从图中中外合作办学项目的分布情况可以看出,本科以上层次中外合作办学项目数量与各省市区的高等教育水平和国际化程度有着密切的关系。项目数量较多,特别是研究生层次项目数量较多的省市,如北京、上海、江苏、浙江等省市的高校,自身均具备较好的开展合作办学工作的基础条件。河南、黑龙江和山东等开展合作办学时间较早的省份,则多以本科层次项目为主,较好地弥补了本省本科教育资源的相对不足。而广大西部省区的合作办学仍处于起步阶段,总体项目数量不多。

二、各类型高校合作办学项目数量

中外合作办学目前已成为我国各类型高校通过国际化手段加快学科建设和提高教学质量的重要抓手,无论是综合实力较强的985和211高校,还是近年来发展势头强劲的地方高校和民办高校均已开展合作办学工作,其举办的本科及以上层次中外合作办学项目的具体情况如图2-2所示。目前我国本科层次中外合作办学项目的举办者以普通高校为主体,而自身办学水平较高的985和211高校则更多地聚焦于在研究生层次上举办中外合作办学项目。

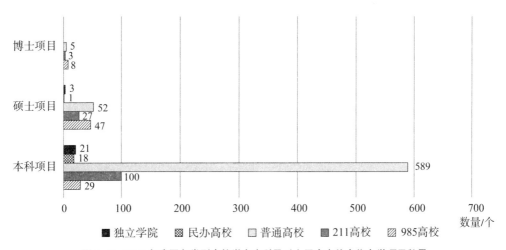

图2-2 2016年我国各类型高校举办本科及以上层次中外合作办学项目数量

三、中外合作办学项目数量位居前列的合作国家和地区

我国本科及以上中外(含内地与港澳台)合作办学项目涉及的外方及港澳台地区合作

院校所在国家和地区分布相当广泛,其中项目数量位居前列的合作国家和地区如图 2-3 所示。英国、美国、澳大利亚和加拿大等西方发达国家高校仍然是我国目前开展本科及以上中外合作办学项目的主要合作对象,与上述四国高校举办的合作办学项目数量将近项目总量的 60%,其他举办合作办学项目数量较多的国家和地区主要集中在欧洲和亚洲高等教育水平较高的国家,如俄罗斯、韩国、法国和德国。

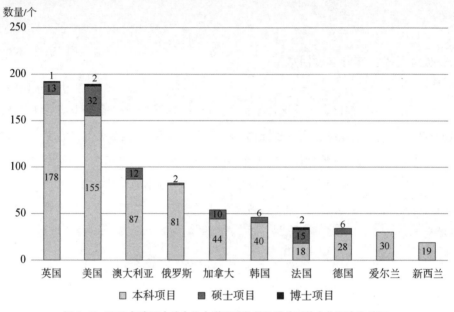

图 2-3 2016 年我国中外合作办学项目数量位居前列的合作国家和地区

四、中外合作办学项目学科专业分布情况

目前我国本科及以上中外合作办学项目开设的专业涉及除哲学和军事学以外的其他 11 个学科门类。数量最多的是工学类项目,其数量超过项目总量的三分之一(38.6%),办学层次主要集中在本科层次。管理学类项目数量紧随其后,尤其在研究生层次项目中占据明显优势,数量超过研究生层次项目总量的一半(54.2%)。近年来,随着社会需求的不断增加,经济学类和艺术学类项目也呈现明显增长的态势,成为我国中外合作办学项目中的新兴力量。

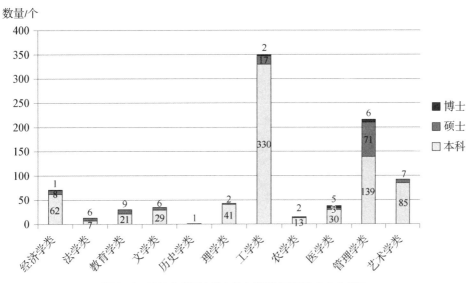

图 2 - 4　2016 年我国中外合作办学项目学科专业分布情况

五、中外合作办学项目招生方式

　　表 2 - 1 反映的是我国本科及以上中外合作办学项目招生方式的相关统计数据。目前我国本科及以上中外合作办学项目采取的招生方式主要包括纳入国家普通高等教育招生计划(统一招生)和自主招生,其中本科层次的中外合作办学项目主要以统一招生方式为主,约占本科层次中外合作办学项目总量的 97.6%,而研究生层次中外合作办学项目则更多采取自主招生的方式,约占研究生层次中外合作办学项目总量的 80.8%,此外还有少数项目同时采用两种招生方式进行招生。

表 2 - 1　2016 年本科及以上中外合作办学项目招生方式(单位:个)

招 生 方 式	学历层次			合计
	本科	硕士	博士	
总计	757	130	16	903
纳入国家普通高等教育招生计划	739	22	4	765
自主招生	8	107	11	126
同时包含上述两种招生方式	10	1	1	12

六、中外合作办学项目学位授予方式

　　表 2 - 2 反映的是我国本科及以上中外合作办学项目的学位授予方式。目前我国本科

及以上中外合作办学项目的学位授予主要包括只发中方证书、只发外方证书和双方均颁发证书三种情况。其中外方院校授予合作办学项目毕业生学位分为无条件(学生无需前往外方院校就读)和附加条件(学生必须前往外方院校就读)两种情况。本科层次中外合作办学项目多为只颁发中方证书或双方均颁发证书的情况,分别占该层次中外合作办学项目总量的 44.6% 和 55.0%,而研究生层次的中外合作办学项目多为只颁发外方证书,约占该层次中外合作办学项目总量的 62.8%。

表 2-2　2016 年本科及以上中外合作办学项目学位授予情况(单位:个)

学位授予情况	学历层次			合计
	本科	硕士	博士	
总计	755	129	16	900
1. 只颁发中方证书	337	2	1	340
2. 只颁发外方证书	3	82	9	94
其中:外方无条件	3	79	8	90
外方附加条件	—	3	1	4
3. 双方均颁发证书	415	45	6	466
其中:外方无条件	289	40	4	333
外方附加条件	128	5	2	135

第二节　2016 年新批中外合作办学项目基本状况

2016 年教育部共批准设立本科及以上层次中外合作办学项目 55 个,其中包括 44 个本科项目、9 个硕士项目和 2 个博士项目(图 2-5)。从审批数量来看,我国本科及以上层次中外合作办学项目的批准数量在经历了一个快速增长期后近几年已逐渐回落,我国中外合作办学发展已进入以项目内涵建设为核心内容的新时期。从 2016 年新批准项目的办学层次来看,本科层次项目仍然是目前我国中外合作办学项目的绝对主力,占新批项目总数的 80%,研究生层次项目则占总数的 20%,两者数量之比为 4:1。而 2016 年新批项目的分布地区、学科门类、合作国家与地区、招生方式和学位授予方式等具体情况则呈现出以下一些特征。

一、2016 年新批中外合作办学项目地区分布情况

2016 年教育部新批准的 55 个本科及以上层次中外合作办学项目涉及我国 22 个省市

区,分布范围相当广。其中既包括中外合作办学发展历史悠久、整体办学水平较高的北京、上海、江苏、浙江等省市,也有传统高考大省河南和山东等省。值得一提的是,近年来我国西部各省市也积极通过开展中外合作办学工作,加速推进自身高等教育国际化程度和办学水平的提高。2016年四川、重庆、贵州、云南和陕西等多个西部省市均有中外合作办学项目获批,其中四川省的新增项目达到5个,新增项目数量仅次于吉林(7个)和河南(6个),位居全国第三。

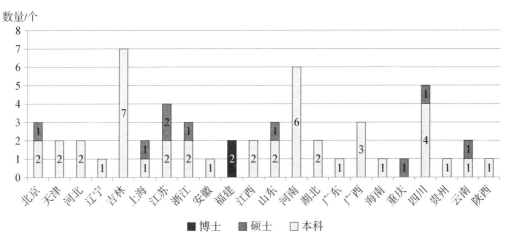

图2-5①　2016年我国各省市区新批本科及以上层次中外合作办学项目数量

二、2016年新批中外合作办学项目学科门类分布情况

2016年教育部新批准设立的55个本科及以上中外合作办学项目共涉及8个学科门类,其分布情况与我国中外合作办学项目学科门类总体分布情况趋同。其中工学类新增项目数量共有30个,涉及本科、硕士和博士三个各办学层次,占所有新批项目总量的54.5%,超过其他七个学科门类新增项目数量的总和;位居第二的是管理学类项目,共有9个新增项目,包括7个本科项目和2个硕士项目;而随着社会需求的不断增加,艺术学类项目近年来增长态势十分明显,2016年共新增7个艺术学类项目,数量位居第三。

---

① 本节各统计图的数据来源于教育部中外合作办学监管工作信息平台 http://www.crs.jsj.edu.cn/index.php/default/index/sort/1006.

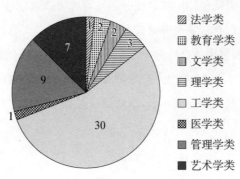

图 2-6　2016 年我国新批本科及以上层次中外合作办学项目学科分类情况(单位:个)

三、2016 年新批中外合作办学项目合作国家与地区分布情况

随着中外合作办学的发展,我国在国际教育领域的影响力正在日益凸显,目前参与中外合作办学工作的国家和地区已经不仅仅局限于传统的高等教育输出国,如美国、英国、澳大利亚和加拿大等,许多来自发展中国家的高校也随着"一带一路"战略的实施纷纷加入中外合作办学的合作者行列。2016 年新增的 55 个本科及以上中外合作办学项目涉及来自19 个国家和地区。来自美国、韩国、法国、俄罗斯等开展合作办学历史较长国家的高校继

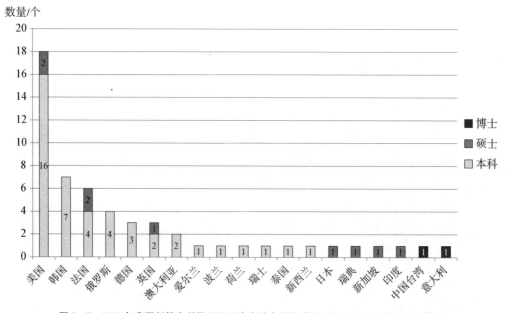

图 2-7　2016 年我国新批本科及以上层次中外合作办学项目合作国家与地区分布情况

续保持与我国高校的紧密合作,成为我国高校开展中外合作办学的重要合作伙伴,而波兰、泰国等"一带一路"沿线国家的高校也利用自身在某些学科领域的优势和特色积极与我国高校,特别是中西部高校开展合作办学。这种新变化使得我国中外合作办学的合作国家和地区范围正在不断扩大,合作领域正在不断丰富,一个更加全面、立体、多样化的中外合作办学新格局正在形成。

四、2016年新批中外合作办学项目招生与学位授予方式

图2-8和图2-9分别展示了2016年教育部新批准设立的55个本科及以上项目的招生和学位授予方式。55个新批项目中有54个项目是通过统一招生的方式进行,仅有1个新项目通过自主招生方式进行招生。这种招生方式上的转变不仅体现出我国中外合作办学项目管理的不断规范,严把中外合作办学的入口关,中外合作办学项目已经逐渐融入举办学校的学科专业体系之中,成为学校学生培养的重要组成部分,同时也说明双方的合作程度更加深入,这一点也在学位授予方式中也得到证明。55个项目中双方均授予学位的项目多达35个,占63.6%,其中有9个项目的学生无需前往外方院校就读即可在毕业时获

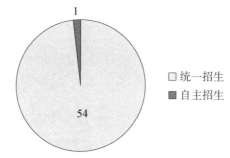

图2-8　2016年我国新批本科及以上层次中外合作办学项目招生方式(单位:个)

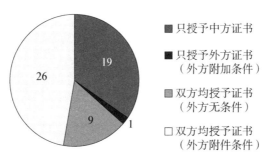

图2-9　2016年我国新批本科及以上层次中外合作办学项目学位授予方式(单位:个)

得外方院校颁发的证书,真正实现了"不出国的留学"。相信在教育部鼓励举办中外合作办学获得外方院校学历学位证书不以学生是否前往外方院校就读作为必要条件的政策引导下,未来中外合作办学项目的举办将逐渐以统一招生和双方均授予证书(外方无条件)为主要形式。

第三章 更为优质: 不断重视质量的学生培养

当前我国本科以上中外合作办学项目的人才培养主要还是引进优质教育资源和人才培养的模式,满足本土的教育需求,尚未发挥教育输出功能,即招收国际学生,实现教育的服务贸易功能。未来中长期的中外合作办学项目的人才培养目标应该是培养本土人才为主,同时兼顾培养国际学生,发挥中外合作办学项目在教育走出去中的智力输出功能和在"一带一路"战略和国家创新创业人才培养上的对外辐射作用。

本章主要描述分析本科以上中外合作办学项目的学生培养情况,将分以下四个部分论述:学生的招生情况分析;培养方案分析;毕业情况分析;学生培养的特点概述与政策建议。较之我国普通高校的非合作办学项目的学生培养,中外合作办学项目在学生招生、培养和毕业生去向上均有其自身特点。

第一节 2016 年本科及以上中外合作办学项目的招生情况

一、整体招生情况

2016 年,根据教育部教育涉外监管信息网公开数据,共可获得 903 个项目的具体数据。所有的项目中,计划招生 67 764 人,实际招生 56 621 人,全国平均招生率达 83.56%,存在招生不足的现象。

表 3 - 1 剔除没有计划招生数及信息不明的项目,共对 728 个项目进行了统计。由表 3 - 1 可知,多数项目的招生率位于 76% 至 99% 之间,占总样本数 53.3%,表明多数的项目没有完成原定招生计划,但差额尚可。有 22.3% 的项目招生人数与计划人数相同。有近 10% 的项目存在过度招生现象,还有约 7% 的项目存在较为严重的招生不足现象,招生率低于 50%,项目间的招生率差异较大。值得注意的是,经抽样核对后发现,部分招生率严重超标的项目是由于信息填写失误造成的,即将本年招生人数填写为全部年级在校生人数的总和。

表 3-1　2016 年中外合作办学项目招生率分布表

招生率	计数(个)	占比(%)
小于 25%	17	2.3
26%—50%	34	4.7
51%—75%	57	7.8
76%—99%	388	53.3
100%	162	22.3
101%—125%	47	6.5
126%—150%	9	1.2
超过 151%	14	1.9
总计	728	100

注：招生率为实际招生人数占学校发布计划招生人数的比例，数据来源为教育部教育涉外监管信息网公开数据。

二、招生的层次结构

根据已有数据，903 个中外合作办学项目的招生结构具有明显特征。

表 3-2　2016 年中外合作办学项目各层次项目的在校生数与招生数

数量统计 项目层次	项目数量		在校生数量		招生数		
	个数	比例(%)	人数	比例(%)	人数	比例(%)	每项目平均招生数
本科	757	83.8	158 654	93.1	50 819	90.7	67.1
硕士	130	14.4	10 800	6.3	4 927	8.8	37.9
博士	16	1.8	924	0.5	297	0.5	18.6
总计	903	100	170 378	100	56 043	100	62.1

如表 3-2 所示，在项目层次方面，本科项目数与在校生人数占据了绝大多数的比例。903 个项目中，本科项目为 757 个，占项目总数的 83.8%，本科的在校生数为 158 654 人，占总在校生数的 93.12%，招生数为 50 819 人，占总招生数的 90.7%。相对而言，研究生项目数、在校生数与招生数的所占比例较低，硕士生的招生人数为 4 927 人，仅占总招生人数的8.8%。博士生的招生人数最少，仅 297 人，所占比例为 0.5%。从整体布局来看，项目招生数与项目在校生数量的比例相近，亦符合项目个数比例。从各个层次项目平均招生人数来看，本科项目的平均招生人数约为 67.1 人，硕士生项目的平均招生人数约为 37.90人，博士生项目的平均招生人数约为 18.6 人，项目层次越高，项目的平均招生人数越低。

与 2015 年相比,2016 年中外合作办学项目招生数有所增加,共增加 7 151 人。各层次项目招生人数所占比例整体无明显变化,博士层次的项目招生人数和比例有所增长,本科层次的项目仍是招生市场上需求量最大的,且较之去年有一定增幅。

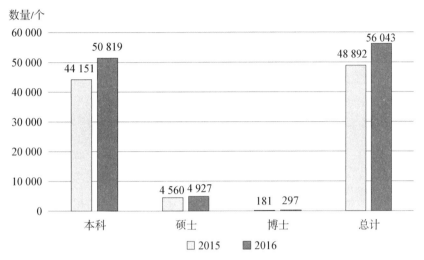

图 3-1　2015 年与 2016 年各层次中外合作办学项目招生人数对比

表 3-3　2016 年中外合作办学项目各省市自治区招生人数及招生率

省份与层次	统计数据	合计（人）	计划招生人数（人）	实际招生人数（人）	招生率（%）
HEN	本科	7 216	7 910	7 216	91.23
	硕士	*			
	博士	*			
SD	本科	5 022	5 840	5 052	86.51
	硕士	30			
	博士	*			
JS	本科	4 515	5 924	4 798	80.99
	硕士	283			
	博士	*			
SH	本科	3 457	5 403	4 455	82.45
	硕士	961			
	博士	37			
HUB	本科	4 094	4 800	4 106	85.54
	硕士	12			
	博士	*			

省份与层次	统计数据	合计（人）	计划招生人数（人）	实际招生人数（人）	招生率（%）
JL	本科	3 779	4 720	3 783	80.15
	硕士	4			
	博士	*			
BJ	本科	2 237	4 692	3 761	80.16
	硕士	1 448			
	博士	76			
HLJ	本科	2 858	3 060	2 928	95.69
	硕士	70			
	博士	*			
TJ	本科	1 691	3 240	2 800	86.42
	硕士	543			
	博士	*			
ZJ	本科	2 079	3 045	2 601	85.42
	硕士	491			
	博士	27			
JX	本科	1 673	1 690	1 827	108.11
	硕士	154			
	博士	*			
LN	本科	1 385	1 875	1 514	80.75
	硕士	129			
	博士	*			
HEB	本科	1 442	1 950	1 492	76.51
	硕士	50			
	博士	*			
CQ	本科	1 482	1 690	1 484	87.81
	硕士	2			
	博士	0			
HUN	本科	1 439	2 270	1 439	63.39
	硕士	*			
	博士	*			
YN	本科	1 087	1 240	1 254	101.13
	硕士	167			
	博士	*			

省份与层次＼统计数据		合计（人）	计划招生人数（人）	实际招生人数（人）	招生率（％）
FJ	本科	945	1 550	1 004	64.77
	硕士	*			
	博士	59			
GD	本科	635	1 355	919	67.82
	硕士	234			
	博士	50			
SHX	本科	697	870	882	101.38
	硕士	185			
	博士	*			
SC	本科	685	925	769	83.14
	硕士	54			
	博士	30			
NM	本科	642	730	642	87.95
	硕士	*			
	博士	*			
GX	本科	638	1 350	638	47.26
	硕士	*			
	博士	*			
AH	本科	477	685	591	86.28
	硕士	114			
	博士	*			
GZ	本科	303	460	413	89.78
	硕士	110			
	博士	*			
HAN	本科	237	320	237	74.06
	硕士	*			
	博士	*			
XJ	本科	49	80	49	61.25
	硕士	*			
	博士	*			
GS	本科	30	60	30	50.00
	硕士	0			
	博士	*			

统计数据 省份与层次		合计 （人）	计划招生人数 （人）	实际招生人数 （人）	招生率 （%）
SAX	本科	25	30	25	83.33
	硕士	*			
	博士	*			
总计		56 139	67 764	56 709	83.69

注：＊表示暂无数据；招生率为实际招生人数占计划招生人数的比例。

如表3-3所示，从省市自治区分布来看，各地招生人数有一定差异。实际招生人数最大值与最小值间的差异达7 191人，招生人数前五位的省市自治区为 HEN、SD、JS、SH、HUB，人数均在4 000人以上，而招生人数后五位的省市自治区为 SAX、GS、XJ、HAN、GZ，招生人数都在500人以下，SAX省仅25人。

同时，各省招生率也存在不均衡现象。2016年中外合作办学项目整体招生率处于47.26%至108.11%之间，方差为0.14，即招生率最低的省份实际所招学生不足计划招生人数的一半，而招生率高的省份出现超额招生现象。所有省份中，招生率前五位的省份为 JX、SHX、YN、HLJ、HEN，招生率后五位的省份为 GX、GS、XJ、HUN、FJ。综合地理区位与办学层次两个角度，可以发现部分省份虽招生人数众多，但整体办学层次较低。如 HEN 省共招收学生7 910人，其中无硕士与博士学生。相对而言，GD省共招收1 355名学生，其中硕士234人，占该省总招生人数的17.27%，博士50人，占该省总招生人数的3.69%，已经远远超过2016年全国平均水平（硕士8.70%，博士0.52%）。

三、招生录取条件

各中外合作办学项目的入学门槛可从经济条件与录取条件两方面进行分析。学费是经济条件的重要体现，招生条件可通过招生方式与招生分数两方面来反映。

2016年中外合作办学项目的平均学费为每生每学年41 103.703 7元（有效样本 N＝828），其中大多数项目学费区间在10 000至30 000之间，约占所有项目的71.30%（有效样本 N＝857）。项目数最多的区间为15 000元至19 999元，共有305个项目，占总样本的35.59%。

由图3-2及表3-4可知，在2016年的903个项目中，多数项目被纳入国家普通高等教育招生计划，占总样本数的84.72%。采取自主招生方式的项目仅占13.95%，在采用自主招生方式的项目中，硕士层次的项目占据了绝大多数，约84.92%，本科层次的项目则极

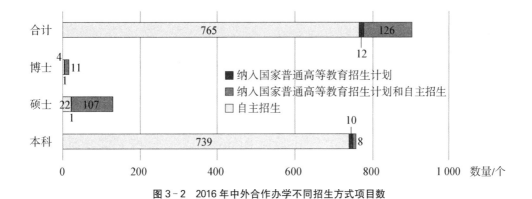

图 3-2 2016 年中外合作办学不同招生方式项目数

少采用自主招生方式。同时采用两种方式招生的项目较少,仅 12 个,所占比例为 1.33%。由此可见,高考仍是本科项目的主要招生方式,研究生项目则更多采取较为灵活的自主招生方式,多方面对学生进行考察。

表 3-4 2015 年与 2016 年不同招生方式项目数(单位:个)

层次	招生方式					
	纳入国家普通高等教育招生计划项目数		纳入国家普通高等教育招生计划和自主招生项目数		自主招生项目数	
年份	2016 年	2015 年	2016 年	2015 年	2016 年	2015 年
本科	739	806	10	3	8	9
硕士	22	22	1	1	107	127
博士	4	3	1	—	11	11
合计	765	831	12	4	126	147

相比于 2015 年,各层次项目的招生方式变化不大,录取方式较为稳定,为学生的报考提供了便利。

表 3-5 2016 年中外合作办学项目录取批次统计表(单位:个)

录取批次	项目合计
一本	128
二本	261
三本	8
研究生统考	12
自主招生	46
艺术类统考	28
合计	483

如表 3 - 5 所示,纳入国家普通高等教育招生计划的大部分项目在二本档次录取,占有效样本的 54.04%,已超过半数。其次是一本招生的项目,占 26.50%。整体来看,本科层次中外合作办学项目的生源质量一般,仍有很大的提升空间。

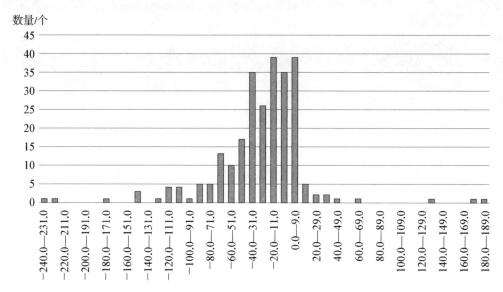

图 3 - 3　文科类项目本科招生的合作办学与非中外合作办学高校分差

注:图中分数值=合作办学项目-非合作办学项目,两个项目为同专业、同层次项目。

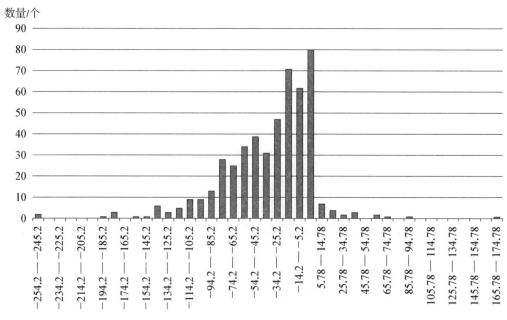

图 3 - 4　理科类项目本科招生的合作办学与非中外合作办学高校分差

注:图中分数值=合作办学项目-非合作办学项目,两个项目为同专业、同层次项目。

表3-6 2016年中外合作办学项目与非中外合作办学项目同专业本科招生分差分布

分差	文科项目数(个)	分差	理科项目数(个)
-80.0--71.0	5	-94.2--85.2	13
-70.0--61.0	13	-84.2--75.2	28
-60.0--51.0	10	-74.2--65.2	25
-50.0--41.0	17	-64.2--55.2	34
-40.0--31.0	35	-54.2--45.2	39
-30.0--21.0	26	-44.2--35.2	31
-20.0--11.0	39	-34.2--25.2	47
-10.0--1.0	35	-24.2--15.2	71
0.0-9.0	39	-14.2--5.2	62
10.0-19.0	5	-4.2-4.78	80

注：分差＝中外合作办学项目录取分数-同专业非中外合作办学项目录取分数。

图3-3与图3-4显示的是中外合作办学的本科项目录取分数线与非中外合作办学同一专业招生录取分数线的线差,表3-6列出的是分数线差较为集中的区间。整体而言,多数文科与理科的合作项目录取分数线均低于非合作办学项目。文科录取分数线低于非合作办学专业的项目约201个,占文科项目样本总数(N＝254)的79.13%。理科录取分数线低于非合作办学专业的项目约430个,占理科项目样本总数(N＝491)的87.58%。文科分差集中的区间为-70至9分,其中-20至1分的区间项目数量最多,理科分差集中的区间为-94.2至4.78分,-24.2至4.78分,这说明中外合作办学项目招生分数普遍低于普通项目招生分数。

从学科角度看,文科专业线差略低于理科。在所有分差段中,文科项目数量最多的分差段为-20分至9分,即中外合作办学项目比非合作专业低20分至高9分的项目是最多的,而理科项目所在分差段最多的为-4.2分至4.78分,即有部分合作项目录取分数略高于非合作专业,部分则低于非合作办学专业,但是差距不大,大部分在正负20分的范围内。

从招生分数和学费来看,大部分本科的中外合作办学项目的招生分数低于非合作办学项目,而学费则高于非合作办学项目,其招生对象主要为追求优质教育资源的学生,这类学生通常具有一定的家庭经济基础,同时学业成绩也达到一定要求。

采用自主招生方式的硕士和博士项目较多,在入学条件上,各项目有一定的共性。从各项目公布的"自主招生录取条件"一项来看,多数项目均要求申请学生参与"自主招生笔试和面试"并提供"语言成绩",仅有8个项目采取"免试"的方式。以EPL大学与SN大学合作举办法学硕士学位教育项目及ZJ大学与HP大学合作举办酒店及旅游管理博士学位教育项目为例,申请入学过程中,学生均需经过资料审核、英语面试与笔试才可入学。其中,学生的申请资料需证明学生已获得前一阶段的学位且英语水平良好。在博士学位申请过程中,还需提供两份推荐信。综合来看,相较于统招方式,自主招生方式更加灵活,可以通过个人陈述等申请材料,更加全面地了解学生的个体特征。除基本条件外,自主招生方式对学生的英语水平要求更高,且并未免除面试与笔试。

第二节 2016年本科及以上中外合作办学项目的学生培养情况

一、培养目标

人才培养目标是学校通过对自身发展情况的认知以及对外界环境变化的了解,确定了内在能力水平与外在社会需求,在理性分析与思考的基础上,结合各自的使命而设计出的一种有关学生成长的合理性且理想化的未来图景。[①] 培养目标在学校发展过程中具有引领与导向作用,在中外合作办学项目中的作用也不可小觑。

通过对十五个中外合作项目的培养目标进行文本分析,可看出培养目标包含了"具有国际竞争力"、"全面发展"、"符合国家发展需求"、"高素质"、"造就精英"、"创新精神"、"实践能力"、"专业人才"、"胜任岗位"和"外语交流能力"十个高频关键词。

2016年中外合作办学项目的培养目标具有以下三个特点:

第一,培养国家所需,面向国际格局,适应本土社会经济发展需要的国际化人才。在各项目的培养目标中,"满足国家发展需求"、"为社会主义事业做贡献"等具有浓厚家国情怀的表述是其重要内容。在满足本土需求的同时,中外合作办学项目充分发挥其国际合作的特色与优势,致力于培养具有国际化视野与国际竞争力的学生,重视学生的外语交流能力,以期实现更好的国际学术交流。

第二,培养适合于应用型专业岗位、兼具理论知识与实践能力的高层次专业人才。多数项目培养目标中都对毕业生应具有的理论知识与实践技能进行了详述。如"教育技术领域的技术理论知识……教学、教育能力和领导才能……能够从实际出发研究和解决教育教学管理有关的理论和实际问题……"。由此可见,多数中外合作办学项目对其专业特性有较为明晰的认识,能够结合专业实际设定培养目标,提高人才培养与岗位需求间的匹配度。

第三,项目多为精英式的培养目标,强调创新精神,高素质与全面发展。除了具体的能力要求,各培养目标也从宏观上提出了"创新精神"、"高素质"和"全方面发展的复合型人

---

① 王严淞. 论我国一流大学本科人才培养目标[J]. 中国高教研究,2016(8):13—19.

才"等理念,希望其毕业生具有"领导能力",成为"管理人才",具有较高的人才定位。

以"XJ 大学与 CA 大学合作财务管理硕士学位教育项目"为例,其人才培养目标具备上述的所有特点——"本专业培养能够适应多变的国际金融财务环境,具有良好的商业道德,较强的创新能力和卓越的领导才能,掌握系统的现代管理知识和技术发展的最新动态,熟练掌握在实际财务管理中分析和解决问题的方法,具备国际经营战略决策的能力,能胜任全球大中型企业单位财务管理工作的高级管理人才和高等院校与科研机构的财务管理学教学与研究工作的高级专门人才"。与非中外合作办学项目相比,中外合作办学项目在重视国内需求的同时,更强调人才的国际适应能力与交流能力,面向国际市场,强化学生的国际竞争力,更具国际化色彩。

二、合作培养形式

根据学生就读期间在国内与国外的学习年限,可以划分出多种不同的 A＋B 培养模式。A 代表学生在国内就读的年限,B 代表在国外的学习年限。不同的培养模式也将带来不同的培养结果,在国外的学习时间长度可对学生的外语交流能力与跨文化适应能力等产生影响。对 888 个提供信息的中外合作项目进行统计,可看出不同办学层次项目所采用的是不同的合作培养形式。

表 3-7　2016 年中外合作办学项目办学形式统计表

办学层次	培养模式	项目数合计(个)	总计(个)
本科	全境内培养 (含 4＋0、5＋0)	452	747
	境内培养为主 (含 2.5＋1.5、2＋1、3.5＋0.5、3.5＋1.5、 3＋1.5、3＋1、3＋2、4＋1)	269	
	境内与境外培养时长相当 (含 2.5＋2.5、2＋2)	26	
硕士	全境内培养 (含 1＋0、1.5＋0、2＋0、2.5＋0、3＋0、4＋0)	93	124
	境内培养为主 (含 1.5＋1、1.5＋0.5、2＋0.5、2＋1、2.5＋0.5、3＋1)	15	
	境内与境外培养时长相当 (含 0.5＋0.5、1＋1、3＋3、0.75＋0.75)	15	
	境外培养为主 (含 1＋2)	1	

办学层次	培养模式	项目数合计(个)	总计(个)
博士	全境内培养 (含 4＋0、3＋0、5＋0)	8	15
	境内培养为主 (含 3＋1、2.5＋1.5、4＋1、5.8＋0.2、2＋1)	7	

表 3－7 中,有 452 个本科层次的项目的学生并无国外学习时间规定,仅通过师资和课程引进等方法,在国内进行教学、学习。而有 230 个项目的培养形式为仅一年或半年的时间在国外就读。两者共占总本科项目样本数的 91.30％。总体而言,以境内培养为主或全境内培养的本科项目已超所有项目的 95％,仅 3.48％的本科项目让学生有一半时间在国外接受培养,比例很低。在硕士层次中,75％的项目未给学生提供出国学习的机会,10.48％的项目要求学生有一半时间在国外就读,比例远高于本科项目。博士项目中,53.33％的项目没有国外就读规定,同时,没有项目为学生提供一半时间在国外学习的机会,最大比例项目的学制为国内两年半,国外一年半。

全境内培养的项目已占大多数,但在此类项目就读的学生并非没有接触外方高校的机会。各项目通过赴外实习、境外暑期课程等方式为学生创造了出境学习的机会。如"SJ 大学与 SW 大学合作举办临床医学专业本科教育项目",学生有机会赴 SW 大学医学院完成暑期课程,同时获得 SJ 医学院临床医学学士学位和 SW 大学医学院医学学士学位。但是,这些机会均需要学生成绩优秀且能够通过面试,具有一定的选拔性。

国内培养与国外培养利弊兼具。在国内培养有助于学生适应国内生活与学术环境,同时方便学生进入国内就业市场。就校方而言,在国内让学生一以贯之地完成培养计划,既可以降低办学成本,又便于课程衔接与安排,同时为学生节约了较多的学习与生活成本。但是这种培养方式减少了学生与外方合作院校接轨的机会,缺乏真实的国际文化环境,不利于学生的国际化发展。因此,各项目应在保障课程安排与学生需求的前提下,合理安排和分配国内外就读的时间,落实其国际化培养目标,充分发挥合作办学的优势。

三、培养质量保障

各中外合作办学项目运用多种方式保障和提高人才培养质量。可归纳出三点主要的保障策略,但每个项目在策略的运用上各有特色。

第一,共定合理的培养方案。在制定人才培养目标与培养方式时,中外双方根据经验,各自发挥双方优势,共同制定培养方案。

第二，共治共管，学校联动。多数项目采用由中外双方负责人及代表成立联合管理委员会或管理小组的方式，负责项目的日常管理与发展规划工作，定期召开会议，及时沟通，协商解决问题，共定管理制度。部分项目的管理组甚至直接对教学质量进行评估和检查，从教材、教师选用到考核，全程监督课程的开展，进入课堂听课，充分发挥其管理与监督作用。

另一方面，各项目也依托于中方学校已有的管理部门(如教务处等)与"国际学院"等院级组织，进行学生管理与培养。各项目也主动遵守学校与学院已有的各项规定，形成良好的协作、配合关系。

第三，完善培养制度。在管理方面，部分本科项目仍采用辅导员制度和班级导师制度双轨并行的方式，负责本科生的在校生活。研究生则更多采用导师制，同时对学员学籍和教学档案进行规范化管理。

在课程与教学方面，多数项目坚持引进原版教材，保证外方老师任教的课程数量，规定外方老师授课的学时比例。同时，在国内阶段开设语言强化课程，便于学生后续的交换学习与交换实习活动。为实现更好的教学效果，部分项目采用了小班化学习和讨论式的教学方式。

在考核与评价方面，部分项目采用了竞争式或有筛选条件的国际学习参与。例如，课程成绩需达标才可赴国外进行学习，或选拔优秀学生赴国外参加课程学习。

第三节　2016 年本科及以上中外合作办学项目的学生毕业情况

一、毕业生去向

2016 年全国中外合作办学项目共有毕业生 31 234 人，应毕业人数 32 535 人，毕业率达 96％，绝大多数学生顺利毕业。

在所有毕业生中，直接就业占 24 537 人，就业比例为 78.56％，另有 2 405 人在国内深造，国内深造比例为 7.70％，有 4 243 人赴国外深造，国外深造比例为 13.58％。升学就业之比为 1∶3.69。另有 0.16％的毕业生暂时没有确定去向。

二、毕业生层次结构

不同层次项目的毕业生毕业情况与毕业去向存在一定差异。

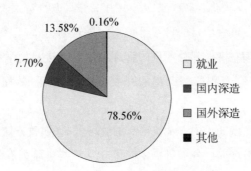

图 3-5 2016 年中外合作办学项目毕业生毕业去向

表 3-8 2016 年不同层次中外合作办学项目毕业生去向

	实际毕业人数(人)	应毕业人数(人)	毕业率(%)	就业人数(人)	就业比例(%)	国内深造人数(人)	国内深造比例(%)	国外深造人数(人)	国外深造比例(%)
本科	26 385	27 271	96.75	19 660	74.51	2 151	8.15	4 216	15.98
硕士	4 783	5 172	92.48	4 757	99.46	254	5.31	30	0.63
博士	66	92	71.74	—	—	0	0	0	0

注：毕业率为实际毕业人数占应毕业人数的比例,此处就业比例为去除无毕业生的项目后,各项目自行填写的比例,国内与国外深造比例为深造人数占实际毕业人数的比例。"—"代表数据缺失。

由表 3-8 可见,中外合作办学项目层次越高,毕业生越少,且毕业率逐步降低。从就业比例来看,层次越高,就业比例越高,升学比例越低。博士生层次的毕业生就业比例已达100%,研究生层次项目的毕业生已经实现了充分就业。在继续深造方面,本科生更倾向于进入国外高校深造,国外深造比例已达 15.98%,硕士生则更倾向于在国内继续深造,所有硕士毕业生中仅 30 人出国深造,比例仅占 0.63%。

图 3-6 2015 年与 2016 年毕业率对比图

2015 年本硕博项目的毕业人数分别为 22 053 人、4 713 人和 56 人,毕业率分别为98.95%、93.42%及 87.93%。2016 年本科层次的毕业生人数有大幅增长,硕士与博士毕业生人数小幅下降,整体而言中外合作办学本科毕业生的就业与出国申请竞争压力将随之增加。从毕业率来看,伴随着各项目规范考核方式,严格学位论文管理,完善毕业生培训以及提高教学质量等措施的实施,各层次项目的毕业率均有所增长,其中博士的毕业率已增长超过十个百分点。

表3-9 2016年各省市中外合作办学项目毕业生去向

统计项目 省份	实际毕业人数(人)	毕业比例(%)	就业人数(人)	就业比例(%)	国内深造人数(人)	国内深造比例(%)	国外深造人数(人)	国外深造比例(%)	升学比例(%)
HLJ	5 869	99.62	4 561	77.71	677	11.54	126	2.15	13.69
HEN	4 805	98.60	4 022	83.70	445	9.26	395	8.22	17.48
SH	3 991	95.63	3 288	82.39	136	3.41	694	17.39	20.8
SD	2 742	81.42	2 063	75.24	210	7.66	342	12.47	20.13
BJ	2 150	91.71	1 305	60.70	186	8.65	709	32.98	41.63
TJ	2 149	96.52	1 822	84.78	72	3.35	218	10.14	13.49
JL	1 764	48.49	1 510	85.60	102	5.78	234	13.27	19.05
JS	1 732	92.16	1 080	62.36	163	9.41	492	28.41	37.82
ZJ	1 359	96.57	1 145	84.25	33	2.43	234	17.22	19.65
LN	982	93.75	762	77.60	55	5.60	252	25.66	31.26
HUB	795	43.97	534	67.17	79	9.94	208	26.16	36.1
YN	645	96.43	603	93.49	65	10.08	62	9.61	19.69
FJ	402	45.48	239	59.45	10	2.49	90	22.39	24.88
GD	402	74.70	381	94.78	66	16.42	37	9.20	25.62
SAX	271	93.44	271	100.00	1	0.37	0	0.00	0.37
NMG	243	99.59	205	84.36	64	26.34	3	1.23	27.57
JX	209	96.71	191	91.39	1	0.48	13	6.22	6.7
HEB	173	50.00	134	77.46	16	9.25	55	31.79	41.04
GZ	158	99.24	140	88.61	0	0.00	18	11.39	11.39
HUN	134	99.26	76	56.72	20	14.93	31	23.13	38.06
SC	115	93.17	66	57.39	4	3.48	2	1.74	5.22
AH	78	80.74	52	66.67	0	0.00	10	12.82	12.82
GX	66	97.06	53	80.30	0	0.00	18	27.27	27.27
CQ	0	0.00	34	0.00	0	0.00	0	0.00	0

注:因 GS、SAX、HAN、XJ 三省数据为0,在此不列;就业比例为就业人数占实际毕业人数的比例,升学比例为国内外深造人数占实际毕业人数的比例。此处就业比例为去除无毕业生的项目后,各项目自行填写的比例。深造比例为国内与国外深造人数占实际毕业人数的比例。由于统计口径不同,加总后的值不是100%。

表3-9显示,我国部分地区毕业生人数较多,如 HLJ、HEN、SH、SD、BJ、TJ、JL、JS 及

ZJ,毕业生都在1 000人以上,HLJ已达5 869人。而部分地区今年没有毕业生,如GS、HAN、SX、XJ和CQ。毕业生地域分布与项目的区域分布有很大关系,项目数多的区域自然毕业生人数众多,此外东部沿海地区的毕业生数明显高于中西部地区。从毕业率来看,全国有15个省份毕业率在90%以上,占有毕业生省份总数的68.18%。但也有部分省份毕业率偏低,如JL、FJ和HUB三省,毕业率不足50%,一半以上的学生无法按时毕业。

各省毕业生去向差异也较大。SHX中外合作办学项目毕业生就业比例高达100%,但仅有一人选择国内高校深造,无人赴国外深造。此外,GD、YN、JX和GZ的就业率均较高。选择在国内继续深造比例较高的省份为NMG、GD、HUN、HNJ及YN。选择在国外深造比例较高的省份为BJ、HEB、JS、GX、HUB、LN、HUN和FJ,其比例均在20%以上。

仅从本科生的角度看,各省本科毕业生就业比例与深造比例存在一定差异。

表3-10 2016年各省市中外合作办学项目本科毕业生深造比例

地区	深造比例(%)	地区	深造比例(%)
AH	16.39	JS	36.04
BJ	72.25	JX	20.90
FJ	28.48	LN	65.30
GD	31.07	NMG	31.31
GX	27.27	SD	20.11
GZ	40.00	SHX	0.00
HEB	44.76	SH	28.48
HEN	17.75	SC	30.00
HELJ	14.20	TJ	25.19
HUB	38.87	YN	28.28
HUN	32.98	ZJ	35.82
JL	19.91		

注:此处深造比例为国内与国外深造人数占实际毕业人数的比例。

由表3-10可知,深造比例反映出学生毕业后在国内外继续攻读学位情况。BJ和LN两地项目的本科毕业生升学率最高,分别可达72.25%和65.30%。但SHX并未有毕业生选择继续深造,同时AH、HEN、HLJ、JL、JX和SD毕业生的深造比例仅在20%左右。经济相对发达的地区,深造比例略高,但并不存在明显的地域差异,这与不同地区学生的家庭经济能力紧密相关。但是,经济发展程度并不能完全决定深造比例,SH和GD等经济发达省市由于其人才市场就业机会丰富,创业环境良好,选择继续深造的学生比例也偏低。

就具体项目而言,部分项目境外升学率表现突出,更大比例的学生倾向于选择境外深造。

表 3-11 2016 年中外合作办学项目境外深造比例较高的项目

项目名称	国外深造人数	毕业人数	国外升学比例(%)
TJ 大学与 IMP 大学、ITP 大学合作举办机械设计制造及其自动化专业本科教育项目	18	18	100.00
NE 大学与 UL 大学、UM 大学合作举办电气工程及其自动化专业本科教育项目	65	67	97.01
NF 大学与 UU 大学合作举办金融学专业本科教育项目	12	13	92.31
NF 大学与 HUCH 大学合作举办经济学专业本科教育项目	11	12	91.67
CA 学与 AKD 合作举办国际经济与贸易专业本科教育项目	80	89	89.89
CA 大学与 AKD 合作举办传播学专业本科教育项目	23	26	88.46
NF 大学与 UU 大学合作举办会计学专业本科教育项目	7	8	87.50
BA 学院与 UA 大学合作举办给水排水工程专业本科教育项目	7	8	87.50
TJ 大学与 IMP 大学、ITP 大学合作举办电子信息工程专业本科教育项目	24	28	85.71
NB 大学与 AR 大学合作举办旅游管理专业本科教育项目	25	31	80.65

注：境外升学率为境外升学人数占实际毕业人数的比例。

在出国深造比例前十位的项目中，与经济金融和工程相关的专业较多，各占十个项目的 40%，而文科类专业的境外升学率更低，这与申请难度及各专业的总体数量有关。在国内的热门专业不仅吸引了更多的中外合作办学投身其中，在国际招生市场中也同样热门。另一方面，表 3-11 中的所有项目均为本科层次的项目，无一研究生项目。研究生学位的就业优势较大，选择余地宽广，因此本身选择继续深造的比例已经较低。同时，赴境外攻读博士学位申请难度与毕业难度相对更高，有更大比例的硕士生选择了在国内继续深造。

三、学位授予情况

表 3-12 2016 年中外合作办学项目学位授予情况

学位授予情况		项目数量(个)	所占比例(%)
只有中方学位		340	37.74
只有外方学位	有条件	4	0.44
	无条件	90	9.99
既有中方证书又有外方学位	有条件	134	14.87
	无条件	333	36.96

由表 3-12 可见，从整体来看(有效样本 N=901)，有 51.83% 的项目毕业生可拿到中外双方高校的学位，且有 36.96% 的学生可无条件获得两校学位，此类学生占总数的很大

部分。有37.74%的项目毕业生仅可以获得中方高校的学位,另有10.43%的学生仅可获得外方学位。

表3-13 2016年中外合作办学不同层次项目学位授予情况

项目层次	学位授予情况		项目数量	所占比例(%)
本科	只有中方学位		337	44.64
	只有外方学位	有条件	0	0.00
		无条件	3	0.40
	既有中方学位,又有外方学位	有条件	126	16.69
		无条件	289	38.28
硕士	只有中方学位		2	1.55
	只有外方学位	有条件	3	2.33
		无条件	79	61.24
	既有中方学位,又有外方学位	有条件	5	3.88
		无条件	40	31.01
博士	只有中方学位		1	6.25
	只有外方学位	有条件	1	6.25
		无条件	8	50.00
	既有中方学位,又有外方学位	有条件	2	12.50
		无条件	4	25.00

由表3-13可见,一半以上本科层次的项目可获得中外双方的学位,有44.63%的项目毕业生仅可获得中方学位,仅获得外方学位的项目很少。较之本科项目,硕士层次项目仅授予中方学位的比例很低,仅1.55%,更多的项目毕业生可无条件获得外方学位,且仅有外方学位的比例达63.57%。有34.89%的硕士项目毕业生可获得双方学位。博士层次仅可获得外方学位的项目占大多数,已达56.25%,其次是可获得双方学位的项目,占37.50%。仅6.25%的项目只可获得中方学位。整体来看,研究生层次的项目更倾向于授予外方学位,仅授予中方学位的项目非常少。

不同层次项目的中外方学位授予状况存在显著差异。本科层次主要是授予中外方双学位(54.97%),其次是仅授中方学位(44.64%),而硕士层次主要是授予外方学位(63.57%),其次是中外方双学位(34.89%)。博士层次也是以授予外方学位为主(56.25%),其次是中外方双学位(37.50%)。硕士和博士层次项目仅授予中方学位的项目数仅为 2 个和 1 个,大部分硕士和博士毕业生获得的是外方学位。

之所以出现研究生层次的项目以授予外方单证和中外方双证为主,而本科层次项目以中外方双证和中方学位为主的现象,与我国的学位授予规定和学生毕业后人才市场对于学历的要求密切相关。双证相对于单证而言具有相应的优势和更为广泛的市场适应面。本科阶段获得双证或者中方学位,有利于学生毕业后走向国内人才市场就业,也有利于与境外和境内的更高层次教育衔接,继续深造。从就业情况来看,大多数中外合作办学项目的毕业生是在国内劳动力市场上就业,因此国内的学历学位对其将来的发展至关重要。

第四节　学生培养特点与政策建议

一、招生地域与层次分布不均,招生水平仍需提高

由上文统计可见,我国中外合作办学招生具有以下特点。

第一,在整体布局上,本科层次的招生人数占绝大多数的比例,且每个项目平均招收的学生数量最多。这一招生层次分布与我国中外合作办学项目的层次布局直接相关。研究生层次的项目数量仍有待提升。

此外,我国中外合作办学项目招生存在地域分布不均的现象,招生人数与招生率极值间的差异很大,部分省份招生计划难以完成,而部分省份存在超额招生现象。因此,招生计划人数应随每年招生情况及时进行动态调整,并且在招生数极少的省份鼓励其设立中外合作办学项目,进行小规模的尝试。综合办学层次与地域因素,我国各省办学层次差距也较大,地域发展不均衡。部分省份虽招生人数众多,但均为本科生项目,很少涉足研究生项目。

第二,从招生方式与条件来看,我国大多数本科项目仍处于第二批次录取,整体项目水平不高,需鼓励一流大学发挥其优势,建立高水平高层次的中外合作办学项目。在招生分数上,多数文科与理科的合作项目录取分数线均低于非合作办学专业,虽然文科线分差相对理科较小,但是仍需在入口方面严格把控生源质量,同时用优质的办学效果吸引高分生源。

同时,我国本科项目绝大多数被纳入国家普通高等教育招生计划,很少使用自主招生方式选择合适的人才。而研究生项目则相反,大多采用了自主招生方式,与"申请制"有相似之处。

第三,学费设置总体合理。我国多数中外合作办学项目学费处于每生每学年 15 000

元至 30 000 元的区间内,较为合理。但是由于部分项目学费高昂,其学费平均值已达 41 103.70 元。

因此,在招生方面,我国应增强中外合作办学项目整体布局的统筹规划。在招生层次上,鼓励有资质的高校与高水平国外院校合作,开设研究生层次的项目。优化已存在的项目,分析招生数为零的硕士、博士项目招生困难的原因,归纳共性问题,提出解决问题的对策建议和方案。在地域分布上,鼓励招生人数极少的省份设立中外合作办学项目,促进地域发展平衡。同时关注研究生层次项目比例较低的省份,引导其理性设置本科层次项目,提高办学质量,完善退出机制,适度增加研究生层次项目,引进国际一流大学与我国高校合作,培养高层次人才。

二、加强外方资源引进力度,保障学生培养质量

2016 年,我国中外合作办学项目面向国际为学生培养设计了合理的培养目标,多种培养形式并行,注重资源引进,保障培养质量。

第一,多数项目培养目标具有国际格局。我国中外合作办学项目的培养目标兼具民族性与国际性,从本土市场与国际市场需求出发,希望学生具有更宽广的国际视野与更多的国内外就业升学机会。同时,在专业理论与技术方面,注重"专才"培养,细化分解目标,详述毕业生应掌握的专业知识与实践能力,强调充分发挥中外合作优势,提升学生国际竞争力,培养学生的跨文化合作交流能力与国际视野。

第二,我国合作项目的合作形式繁多,国内与国外学习时间分配方式多样。外方校园是中外合作办学的重要国际资源之一,进入外方校园学习可更大程度地获取其硬件与软件资源,如图书馆、实验室、师资和课程等,帮助学生加强学术交流,磨炼语言交流能力,提升跨文化适应力。在现有培养形式中,一半以上的本科项目仅通过师资和课程引进等方法,在国内进行教学,仅有不足 4% 的本科项目允许学生有一半的学习时段在境外就读。硕士层次中,75% 的项目未给学生提供出国学习的机会,博士项目也有半数以上的项目无境外就读时间,且没有博士项目为学生提供一半时间在外学习的机会。增加学生的境外就读时间更有助于提高学生的国际环境适应力,促进国际资源的有效引进。硕士和博士项目是以授予外方学位和中外方双学位为主,而其培养方案的学制安排是以在境内学习为主,外方师资和课程的引进对于教育质量的保障就显得至关重要。虽然硕士和博士项目学制安排以境内学习为主,但是这些项目授予的学位以外方和中外双方证书为主,用学位证书满足学生的国际升学需求,帮助学生提升国内外市场的就业竞争力。

第三,引进优质资源,保障培养质量。中外合作办学项目通过直接引进与合作管理等

方式,保证资源引进数量与质量,提升培养质量。在培养方案设计初期,各项目多采用合作协商的方式,充分了解中外双方优势,共同拟订培养方案。在具体培养过程中,项目管理组制定一系列制度,如外籍教师授课比例、原版教材引进比例等,确保资源的有效引进,并采用领导听课、全程监督等方式控制资源的合理使用,提高培养质量。而项目管理组(有些亦称联合会)多来自于中外双方的项目负责人与管理者,在沟通协作下保证项目的顺利运行。

中外合作办学项目从设置培养目标、制定培养计划和引进外方教学科研资源与管理体系等多种渠道,保证优质资源的引进,提高学生培养质量。但是部分项目的资源引进力度仍需加强,如大多数学生在就读期间以在境内培养为主,甚至大部分项目的学生并无境外就读机会。一些项目采取择优选拔的方式,仅允许部分优秀学生进入外方高校学习,其余学生所有的培养过程均在境内完成。学校应充分了解学生诉求,为学生提供多种学习方式,广泛吸收境外核心课程编排、授课形式、重点教材与师资资源。运用在线授课、出境与引进课程等多种方式进行授课,安排境外课程、实习、暑期实践等国际交流机会,灵活学分转化,实现培养方案的顺利衔接。

三、毕业生偏好就业,毕业率差异较大

2016年中外合作办学项目有31 234名学生毕业,整体毕业率较高,达96%。毕业情况与毕业去向呈现出如下特点:

第一,整体来看,毕业生更偏好于就业,升学方面更偏向于海外高校。在所有毕业生中,就业比例为78.56%,国内深造比例为7.70%,国外深造比例为13.58%。升学就业之比为1∶3.69。国内深造与国外深造之比为1∶1.76。有0.16%的毕业生暂时没有确定的去向,可进行进一步调查分析。

第二,项目学位层次越高,就业比例越高,升学比例越低。随着项目层次的升高,选择继续深造的学生比例越来越小,相较于本科生,硕士毕业生选择在国内继续深造的比例更高。而项目毕业生具有越高的学历,则就业比例越高,就业越充分。

第三,各省间毕业率与学生毕业去向差异大。由于项目分布不均,我国部分省份2016年毕业生可达5 000人以上,而部分省份没有毕业生,无法进行统计比较。从毕业率来看,全国有15个省份毕业率可达百分之九十,但也有部分省份毕业率偏低。

第四,多数毕业生可获得中外双方学位,不同层次的项目毕业生学位获得情况存在差异。从整体来看,过半的项目毕业生可拿到中外双方高校的学位,其次超过三分之一的项目毕业生仅可以获得中方高校的学位,仅可获得外方学位的毕业生比例较低。但是,不同层次的项目情况有所不同。一半以上本科层次的项目可获得中外双方的学位,另有44%

的项目毕业生仅可获得中方学位。而在硕士与博士层次，仅有外方学位项目所占比例更大，可达一半以上，其次是提供双方学位的项目。

在就业率与毕业去向方面，中外合作办学项目表现良好，大部分学生可以实现就业或升学。本科层次的项目可为学生开辟更多获取外方高校学位的机会，通过设置合理的筛选条件，可激发学生的学习热情，激励其发挥主观能动性，提高培养质量。

第四章　更具特色：不断加强特色的师资建设

本章将对 2016 年本科及以上中外合作办学项目的教师整体数据进行描述性分析,通过数量、性别、地区、专业等多个维度,综合呈现 2016 年中外合作办学项目师资队伍的结构特征。同时,与 2015 年的师资整体数据进行对比分析,凸显其发展趋势以及仍需改进的问题。

第一节　2016 年中外合作办学师资情况

国际师资的水平对于中外合作办学项目的顺利开展起着至关重要的作用。在本节中,不仅对 2016 年中外合作办学项目师资队伍进行了整体描述,还重点分析了国际师资队伍的结构特征以及质量水平,呈现中外合作办学在引进优质师资方面的发展状况。

根据教育部涉外监管信息网公开的中外合作办学项目 2016 年统计数据,在剔除无效信息数据后,本研究对 862 个本科及以上中外合作办学项目中的 29 234 位教师信息进行了统计分析。但是,由于教师个人信息的部分缺失,在对各维度的教师特征统计时将剔除无效信息,因此存在各图表中样本总数不同的情况。

一、2016 年师资队伍总体情况

(一) 性别比例

表 4-1 呈现了 2016 年中外合作办学项目的师资队伍的性别结构,从整体而言,男女教师基本保持平衡,男性教师人数略高于女性教师人数,占总人数 54.31%。从各个办学层次上看,本科项目中教师男女保持均衡,但是在研究生教育项目中,教师男女比例存在明显的性别偏向,硕士项目中男教师比例达到 72.42%,博士项目中男性教师比例更高达

79.74％。项目的层次越高,男性教师的比例越高,表明男性在高层次项目中处于更为优势的地位。

表4-1　2016年中外合作办学项目教师性别比例(N=29 090)

性别	办学层次			合计(%)
	本科项目(%)	硕士项目(%)	博士项目(%)	
男	14 247(52.82)	1 363(72.42)	189(79.75)	15 799(54.31)
女	12 724(47.18)	519(27.58)	48(20.25)	13 291(45.69)
合计	26 971	1 882	237	29 090

注:此项特征剔除无效样本数144个,均为数据缺失。

(二)年龄构成

表4-2显示,中外合作办学项目教师的年龄基本集中在31—50岁之间,占总人数的68％左右,其中一半以上是年龄31—40岁之间的教师,可见中青年教师是中外合作办学师资队伍的主力军,有效凸显了团队的年轻化趋势。

表4-2　2016年中外合作办学项目教师年龄分布(N=28 351)

年龄(岁)	办学层次			合计(%)
	本科项目(%)	硕士项目(%)	博士项目(%)	
21—30	1 353(5.13)	11(0.62)	5(2.16)	1 369(4.83)
31—40	10 198(38.71)	267(15.06)	38(16.38)	10 503(37.04)
41—50	8 353(31.71)	580(32.72)	76(32.75)	9 009(31.78)
51—60	5 039(19.12)	577(32.54)	79(34.05)	5 695(20.09)
60以上	1 403(5.33)	338(19.06)	34(14.66)	1 775(6.26)
合计	26 346	1 773	232	28 351

注:此项统计中剔除无效样本883个,包含数据缺失、数据错误以及"不详"。

(三)学历层次

表4-3显示,中外合作办学项目教师学历层次普遍较高,具有研究生及以上学历的人数高达87.06％,其中拥有硕士学位的教师人数居于首位,拥有博士及副博士学位的人数次之,本科学历及以下占比最少,仅有12.26％。虽然研究生学历的教师居多,但是博士学历的教师数量依然有提高的空间,特别是本科项目中的博士学历教师数量。考虑到本科项目在中外合作办学项目中的核心地位,提升该层次项目领域博士层次教师十分必要,对其质量发展有着重要影响作用。

表 4-3 2016 年中外合作办学项目教师学历层次分布(N=28 992)

学历	办学层次			合计(%)
	本科项目(%)	硕士项目(%)	博士项目(%)	
学士以下	44(0.16)	0	0	44(0.15)
学士	3 459(12.87)	45(2.39)	5(2.10)	3 509(12.10)
硕士	12 822(47.72)	370(19.65)	25(10.50)	13 217(45.59)
博士	10 346(38.50)	1 467(77.91)	207(86.97)	12 020(41.46)
副博士	120(0.45)	0	0	120(0.41)
其他	80(0.30)	1(0.05)	1(0.42)	82(0.28)
合计	26 871	1 883	238	28 992

注:此项统计剔除 242 个无效数据,均为数据缺失。

(四) 职称结构

表 4-4 显示,2016 年中外合作办学项目的师资队伍中,拥有中级职称的教师居多,占 39.02%,副高级职称人数次之,占 33.60%,正高级职称人数较少,仅有 17.91%,初级职称及其他则最少,占 9.46%。可见,中外合作办学师资队伍职称普遍较高,低级职称仅占总数的 10% 不到。但是,正高级职称的占比也没有明显优势,尚未达到总数的 1/3,尤其是本科项目中,正高级职称人数仍需要进一步提升。

表 4-4 2016 年中外合作办学项目教师职称结构(N=28 915)

职称	办学层次			合计(%)
	本科项目(%)	硕士项目(%)	博士项目(%)	
初级	1 217(4.54)	16(0.85)	2(0.84)	1 235(4.27)
中级	11 024(41.13)	231(12.30)	29(12.24)	11 284(39.02)
副高级	9 044(33.75)	609(32.43)	63(26.58)	9 716(33.60)
正高级	4 240(15.82)	806(42.92)	133(56.12)	5 179(17.91)
其他	1 275(4.76)	216(11.50)	10(4.22)	1 501(5.19)
合计	26 800	1 878	237	28 915

注:① 此项统计剔除无效数据 319 个,均为数据缺失。
② 职称划分方法:高级职称——教授与正高级工程师等职称;副高级职称——副教授,高级工程师等职称;中级职称——讲师,助理教授,工程师等;初级职称——助教,博士后等。

(五) 教学年限

在此次的统计数据中,不同教师的教学年限有较大差异,教龄最短的仅一个学期,最长的则有 63 年。为方便分析,本研究以 5 年为一个区间,对教师的工作年限进行统计。如表

4-5以及图4-1所示,教学年限10年及以上的教师占据多数,约占总数的2/3,同时以10—14年为临界点,之后教学年限越长,对应的人数就越少。由此可见,中外合作办学项目中教学经验丰富的教师人数占比居高,但仅有半数,在未来可以继续加大对经验丰富教师的引进力度。

表4-5 2016年中外合作办学项目教师教学年限分布

工作年限(年)	合计(人)	百分比(%)
0—4	3 544	12.32
5—9	5 172	17.98
10—14	6 874	23.9
15—19	4 235	14.72
20—24	3 461	12.03
25—29	2 373	8.25
30—34	2 286	7.95
35—39	528	1.84
40—44	213	0.74
45—49	62	0.21
50 以上	19	0.07
合计	28 767	

注:此项统计剔除无效数据467个,包含数据缺失和数据错误。

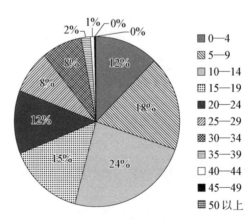

图4-1 2016年中外合作办学项目教师教学年限分布

（六）教师专业背景分布

从表4-6可知,2016年本科以上中外合作办学项目共计有876个,分布在10个学科大类,其中居于前5位的为工学(37.9%)、管理学(19.06%)、经济学(13.7%)、艺术学(10.73%)以及理学(4.91%)。同时,这些项目中的教师数量也是居于前列,工学类项目中教师人数最多,超过教师总人数的1/3,与管理学、经济学以及艺术学项目的教师总和相当。但是,项目及教师数量过多集中于上述领域并不是合理的发展方向,在未来应当考虑学科的平衡发展。

表4-6　2016年中外合作办学项目的教师专业分布

学科类别	项目数(百分比%)	教师数(百分比%)
工学	332(37.9)	11 672(39.93)
管理学	167(19.06)	4 384(15)
经济学	120(13.7)	4 502(15.4)
艺术学	94(10.73)	3 111(10.64)
理学	43(4.91)	1 314(4.49)
医学	38(4.43)	2 125(7.27)
文学	34(3.8)	822(2.81)
教育学	22(2.51)	529(1.81)
法学	13(1.48)	351(1.2)
农学	13(1.48)	424(1.45)
合计	876	29 234

（七）地区分布

目前,全国共有28个省市自治区开展了中外合作办学项目,如图4-2所示,各省市中外合作办学项目在教师数量上存在一定差异,人数最多的省市高达3 000多人,人数最少的仅29人,其中教师人数居于前五个省市分别为:HEN、JS、HLJ、SH、SD。按照经济带将所有省市划分为东部、中部、西部三个区域,如表4-7所示,中外合作办学项目教师人数存在明显的区域差异,呈现东中西依次递减的状况,东部最高占52.47%,中部次之为41.34%,西部最少,仅为6.19%,与其他两个地区差异明显。

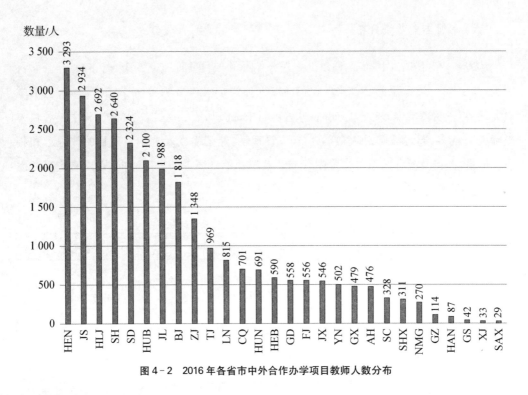

图4-2　2016年各省市中外合作办学项目教师人数分布

表4-7　2016年中外合作办学项目教师的地区差异

	东部地区	中部地区	西部地区	合计
教师人数（人）	15 340	12 085	1 809	29 234
百分比（%）	52.47	41.34	6.19	

注：东部地区指辽宁、北京、天津、河北、山东、江苏、上海、浙江、福建、广东、海南；中部地区指山西、内蒙古、吉林、
黑龙江、安徽、江西、河南、湖北、湖南；西部地区指陕西、甘肃、青海、宁夏、新疆、四川、重庆、云南、贵州、广西、
西藏。

二、2016年与2015年的师资比较

（一）2016年师资结构特征与2015年相比保持稳定

为分析2016年师资相对于2015年的变化情况，本部分将2016年数据与2015年数据进行对比分析。其中，2015年数据均来自教育部教育涉外监管网的公开数据。从表4-8可见，2016年的教师男女比例较之去年基本持平，数量上依然保持基本均衡，男性教师人数略多于女性教师，但并没有出现明显的性别偏向。

表 4 - 8　2015 年与 2016 年中外合作办学项目教师性别比例

性别	2015 年(N = 25 195)		2016 年(N = 29 090)	
	人数	百分比(%)	人数	百分比(%)
男	13 566	53.84	15 799	54.31
女	11 629	46.16	13 291	45.69

表 4 - 9 显示,与 2015 年相比,2016 年中外合作办学项目教师年龄构成基本保持稳定,仍旧呈"橄榄型"分布,30—50 岁的中青年教师在其中占据主导地位,"年轻化"的特点较为显著。其中,21—30 岁的教师比例小幅减少,41—50 岁教师比例小幅增加。

表 4 - 9　2015 年与 2016 年中外合作办学项目教师年龄分布

年龄(岁)	2015 年(N = 25 195)		2016 年(N = 28 351)	
	人数	百分比(%)	人数	百分比(%)
21—30	1 659	6.58	1 369	4.83
31—40	9 867	39.16	10 503	37.04
41—50	7 314	29.03	9 009	31.78
51—60	5 050	20.04	5 695	20.09
60 以上	1 305	5.19	1 775	6.26

(二) 教师的学历层次保持较高水平,职称结构与教学年限仍需继续优化

如图 4 - 3 所示,相比于 2015 年,2016 年教师学历层次结构基本保持稳定,以研究生学历者居多,其中硕士学历的教师依然最多,博士学历的教师有小幅增长,但是比例仍需进一步提升。

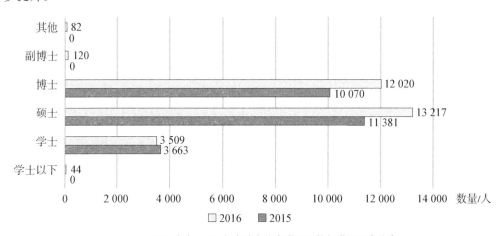

图 4 - 3　2015 年与 2016 年中外合作办学项目教师学历层次分布

根据图4-4显示,2016年中外合作办学项目中教师职称依然保持较高水平,普遍拥有中级及以上职称,但是中级职称人数比例较之2015年有小幅下降,高级职称人数基本保持不变,未来的发展重点在于引进具有高级职称的教师。

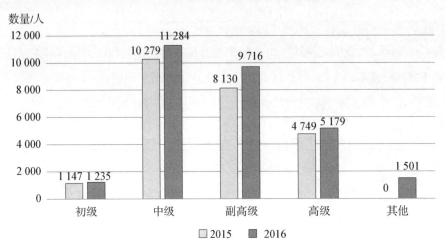

图4-4　2015年与2016年中外合作办学项目教师职称分布

如表4-10以及图4-5所示,2016年中外合作办学项目中有14年以内工作经验的教师仍然占比最大,超过总数的50%。总体而言,2016年的教师工作年限与2015年基本持平,15—19年工作经验的教师比例有明显的小幅度增长,进一步提高经验丰富的教师所占比例依然是未来发展的重要方向。

表4-10　2015年与2016年中外合作办学项目教师工作年限分布

工作年限(年)	2015年(N=24 424)		2016年(N=28 767)	
	人数	百分比(%)	人数	百分比(%)
0—4	3 055	12.51	3 544	12.32
5—9	4 528	18.54	5 172	17.98
10—14	5 753	23.55	6 874	23.9
15—19	3 383	13.85	4 235	14.72
20—24	2 746	11.24	3 461	12.03
25—29	2 275	9.31	2 373	8.25
30—34	2 047	8.38	2 286	7.94
35—39	362	1.48	528	1.84
40—44	218	0.89	213	0.74
45—49	43	0.19	62	0.21
50以上	14	0.06	19	0.07

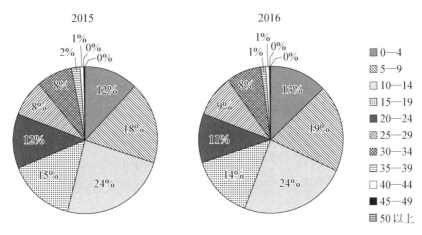

图 4-5　2015 年与 2016 年中外合作办学项目教师工作年限分布

第二节　国际师资队伍的结构特征

　　境外教师①是中外合作办学师资队伍的重要组成部分,在办学活动开展中具有重要的地位和作用。首先,作为教学活动中的主导者,境外教师提供了国际领先的学科知识、教学方式以及教育理念,引进了境外优质的教育资源。同时,境外教师也在中外交流中发挥着独特作用,他们不仅在教学中通过与本土教师的合作以及其广阔的国际学术网络促进中外教学与学术交流,也在日常生活中通过与本土师生的交流,更好地理解了中国文化并帮助他们加深对国外文化的认知与交流,从而增加中外文化的交流与融合。因而,境外教师不仅是中外合作办学发展的重要影响因素,也是中国高教师资队伍的重要组成部分,并将有力促进中国高等教育国际化的发展。

　　本节将对境外教师的招聘和管理进行归纳与总结,同时结合相关数据分析揭示 2016年度中外合作办学项目中境外教师队伍的结构特征,并通过与 2015 年数据的对比反映其发展趋势。

---

① 本章采用"境外教师"来指称中国大陆籍以外的教师,包含国外和香港、澳门、台湾地区的教师。下同,就不一一注明。

一、国际师资的结构与特点

(一) 2016 年基本情况

本部分是基于提供境外教师信息的 808 个项目信息的统计分析,总计对 6 893 位境外教师的信息进行分析,不同指标实际样本数根据有效样本信息统计。

1. 境外教师人数、比例有待提升,各层次项目中比例需均衡

如表 4 - 11 所示,中外合作办学项目中大陆籍教师仍然占据多数,超过教师总数的 3/4,境外教师仅占 23.65%。境外教师比例相较于 2015 年(5 929 人,23.53%)并无显著提升,在未来加大境外教师引进力度仍是发展重点。

表 4 - 11　2016 年中外合作办学项目大陆/境外教师比例(N=29 142)

国籍	人数	百分比(%)
中国大陆籍	22 249	76.35
境外籍	6 893	23.65
合计	29 142	100

2016 年共有 808 个中外合作办学项目(含内地与港澳台合作办学项目,下同)提交了外籍(含境外,下同)教师的相关信息。如表 4 - 12 所示,其中 679 个本科项目提交了 5 828 名境外教师信息,平均每项目有境外教师 8.58 名;115 个硕士项目提交了 988 名境外教师信息,平均每项目有境外教师 8.59 名;14 个博士项目提交了 77 名境外教师信息,平均每项目有境外教师 5.5 名。除博士项目境外教师的平均人数相对较少,本科和硕士项目平均每项目拥有境外教师人数水平基本相当,均超过 8 名。博士项目境外教师的平均人数相对较少,在各类层次分布上仍需要维持平衡,应扩大博士项目的境外教师的招聘数量。

表 4 - 12　2016 年境外教师总数在各层次办学项目中的分布(单位:人)

项目及教师数量	办学层次			合计
	本科项目	硕士项目	博士项目	
项目数量	679	115	14	808
境外教师数量	5 828(84.55%)	988(14.33%)	77(1.12%)	6 893
平均每项目境外教师人数	8.58	8.59	5.5	8.53

注:以下各表均采用本表中的三个层次中外合作办学项目境外教师数量计算相关比例,实际运算中信息不完善的数据未纳入统计范围,表 4 - 13 至 4 - 26 在教师总数上存在差异。

2. 2016 年中外合作办学项目境外教师结构基本合理,仍有提升空间

境外教师性别结构需要进一步完善,如表4-13所示,本科、硕士和博士三个层次的中外合作办学项目中,男性境外教师的数量均明显超过女性教师数量,男女教师人数比例均在2:1以上,且男女教师比例上的差异随着办学层次的提高更加显著。

表4-13 2016 年中外合作办学项目境外教师性别比例分布

教师性别	办学层次			合计
	本科项目	硕士项目	博士项目	
男	3 969(82.38%)	784(16.27%)	65(1.35%)	4 818
女	1 823(89.45%)	203(9.96%)	12(0.59%)	2 038
境外教师性别比例（男：女）	2.18	3.86	5.41	2.36

本科项目中境外教师的平均年龄相对硕士和博士项目而言更加年轻,如表4-14所示,较为平均地分布在31至60岁的各个年龄段内,硕士项目的境外教师的年龄分布则更加集中在41至70岁的各年龄段,而博士项目的境外教师的年龄相对集中在41至50岁和51至60岁两个年龄段。

表4-14 2016 年不同层次中外合作办学项目境外教师的年龄分布

教师年龄（岁）	办学层次			合计
	本科项目	硕士项目	博士项目	
30 及以下	580(10.73%)	16(1.77%)	3(4.48%)	599(9.39%)
31—40	1 414(26.15%)	99(10.95%)	11(16.42%)	1 524(23.89%)
41—50	1 322(24.45%)	261(28.87%)	23(34.33%)	1 606(25.18%)
51—60	1 261(23.32%)	282(31.19%)	20(29.85%)	1 563(24.52%)
61—70	717(13.26%)	202(22.35%)	8(11.94%)	927(14.53%)
71 及以上	113(2.09%)	44(4.87%)	2(2.98%)	159(2.49%)
合计	5 407	904	67	6 378

随着我国中外合作办学项目的发展,境外教师的来源地分布呈现出越来越广泛的趋势。如图4-7所示,目前有来自五大洲87个国家和地区的境外教师从事中外合作办学项目的教育教学工作,其中本科、硕士和博士项目境外教师的来源国家和地区分别达到83个、43个和17个。境外教师数量较多的来源国家和地区与我国中外合作办学项目合作国家和地区呈现高度一致性。境外籍(含港澳台地区)教师数量位居前十的国家和地区分别是美国、英国、澳大利亚、俄罗斯、加拿大、韩国、德国、法国、爱尔兰和日本,均为高等教育发达国家(地区)和主要教育输出国或地区。

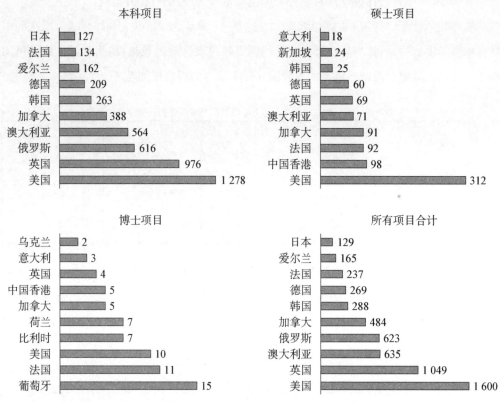

图4-6　2016年不同层次中外合作办学项目境外教师来源地分布(单位:个)

3. 2016年中外合作办学项目境外教师整体质量与水平较高

如表4-15所示,在所有境外教师中共有3 700名教师拥有博士学位,占总数的54.65%,这表明目前在我国中外合作办学项目中任教的境外教师中超过一半拥有博士学历,而且这一比例随着中外合作办学项目办学层次的提高而提高。

表4-15　2016年不同层次中外合作办学项目境外教师的学历分布

教师学历层次	办学层次			合计
	本科项目	硕士项目	博士项目	
博士	2 847(49.87%)	787(79.98%)	66(85.71%)	3 700(54.65%)
副博士	115(2.01%)	/	/	115(1.70%)
硕士	1 802(31.56%)	179(18.19%)	8(10.39%)	1 989(29.38%)
学士	925(16.20%)	18(1.83%)	2(2.60%)	945(13.96%)
学士以下	3(0.05%)	/	/	3(0.04%)
其他	17(0.30%)	/	1(1.30%)	18(0.27%)
合计	5 709	984	77	6 770

表4-16所示的境外教师职称分布情况表明，从事本科项目的教师以中级职称居多，而在硕士和博士项目任教的教师则大多拥有高级职称，分别超过70%和80%。总体而言，目前我国中外合作办学项目中约有一半的教师拥有高级职称，拥有高级职称教师的比例随办学层次的提高而提高。

表4-16　2016年不同层次中外合作办学项目境外教师的职称分布

教师职称	办学层次			合计
	本科项目	硕士项目	博士项目	
正高	1 376(24.14%)	426(43.16%)	40(51.95%)	1 842(27.23%)
副高	1 302(22.84%)	285(28.88%)	22(28.57%)	1 609(23.79%)
中级	1 922(33.72%)	99(10.03%)	6(7.79%)	2 027(29.97%)
初级	185(3.25%)	2(0.2%)	1(1.3%)	188(2.78%)
其他	915(16.05%)	175(17.73%)	8(10.39%)	1 098(16.23%)
合计	5 700	987	77	6 764

如表4-17所示，境外教师从事教育教学工作的年限分布情况与教师年龄呈现出较为类似的分布特征，往往年龄越大教龄也相对越长。但在不同办学层次之间教师的工作年限存在差异，其中本科项目的不少境外教师从事教育教学工作的年限相对较短，教龄在10年以下的教师超过三分之一，而硕士和博士中外合作办学项目的境外教师工作年限则相对较长。

表4-17　2016不同层次中外合作办学项目境外教师工作年限分布

工作年限(年)	办学层次			合计
	本科项目	硕士项目	博士项目	
0—4	853(15.24%)	26(2.78%)	2(2.6%)	881(13.33%)
5—9	1 247(22.28%)	100(10.68%)	10(12.99%)	1 357(20.53%)
10—14	1 016(18.15%)	173(18.48%)	14(18.18%)	1 203(18.2%)
15—19	766(13.68%)	184(19.66%)	12(15.58%)	962(14.55%)
20—24	671(11.98%)	166(17.74%)	11(14.29%)	848(12.83%)
25—29	423(7.56%)	108(11.54%)	14(18.18%)	545(8.24%)
30—34	379(6.77%)	85(9.08%)	5(6.49%)	469(7.09%)
35—39	118(2.11%)	53(5.66%)	3(3.9%)	174(2.63%)
40及以上	125(2.23%)	41(4.38%)	6(7.79%)	172(2.6%)
合计	5 598	936	77	6 611

从表4-18所示的境外教师具有教师资格的情况来看，虽然在各层次中外合作办学项目中均已有超过一半的境外教师具有教师资格，但不具有教师资格的教师仍然为数不少，

约占 40%。不具备教师资格的教师是否具备足够能力胜任合作办学项目的教育工作值得关注,中方合作办学机构需要进一步考察这些尚不具有教师资格的境外教师的资质、来源、所授课程以及不具有教师资格的原因,我国政府和机构也应确保专业课程教师和主要的语言课程教师具有教师资格。

表 4-18 2016 年不同层次中外合作办学项目境外教师拥有教师资格情况

教师是否具有教师资格	办学层次			合计
	本科项目	硕士项目	博士项目	
是	3 584(62.67%)	568(58.19%)	49(71.01%)	4 201(62.11%)
否	2 135(37.33%)	408(41.81%)	20(28.99%)	2 563(37.89%)
合计	5 719	976	69	6 764

从表 4-19 所示的境外教师在其他机构的任职情况可以看出,目前各办学层次项目中在其他机构任职的境外教师比例很小,其中本科和博士项目境外教师在其他机构任职的占比均小于 6%,说明目前绝大部分境外教师均专注于其所属项目的教育教学工作,这对产生良好的教学效果较为有利。

表 4-19 2016 年中外合作办学项目境外教师在其他机构任职情况

教师是否在其他机构任职	办学层次			合计
	本科项目	硕士项目	博士项目	
是	221(5.04%)	82(14.72%)	2(4.08%)	305(6.11%)
否	4 161(94.96%)	475(85.28%)	47(95.92%)	4 683(93.89%)
合计	4 382	557	49	4 998

4. 境外教师的聘用

境外教师的聘用标准主要存在三种情况:中方标准、外方标准和机构或项目标准。如表 4-20 所示,由于大部分境外教师主要来自外方院校,境外教师的聘用更多采用外方标准,其占比约为 60%,还有相当数量的中外合作办学项目根据自身特点和需求,采用项目特有的标准聘用境外教师,其比例约占总数的 32%,而采用中方聘用标准的最少仅为 8.67%。

表 4-20 2016 年不同层次中外合作办学项目境外教师聘用标准

教师聘用标准	办学层次			合计
	本科项目	硕士项目	博士项目	
中方标准	457(9.42%)	23(3.32%)	6(10%)	486(8.67%)
外方标准	2 891(59.58%)	406(58.5%)	37(61.67%)	3 334(59.47%)

教师聘用标准	办学层次			合计
	本科项目	硕士项目	博士项目	
机构或项目标准	1 504(31%)	265(38.18%)	17(28.33%)	1 786(31.86%)
合计	4 852	694	60	5 606

我国中外合作办学项目的境外教师大多来自合作方院校,中方院校聘用的境外教师数量相对较少,仅为总数的10%。如表4-21数据所示,不同办学层次的中外合作办学项目中来自外方院校境外教师的比例无显著差异,其比例均在90%左右,这表明通过中外合作办学项目,引进合作方院校的教师来中国大陆任教对于建设国际化师资队伍起到重要作用,但需要注意的是这些境外教师仅仅是"为我所用",而不是"为我所有"。

表4-21　2016年不同层次中外合作办学项目境外教师的来源分布

教师来源	办学层次			合计
	本科项目	硕士项目	博士项目	
中方院校	641(11.04%)	70(7.11%)	7(9.21%)	718(10.45%)
外方院校	5 166(88.96%)	915(92.89%)	69(90.79%)	6 150(89.55%)
合计	5 807	985	76	6 868

从表4-20和表4-21可以看出,由于中外合作办学项目的境外教师含两种来源,即中方院校和外方院校,因此其教师聘用标准分为中方标准、外方标准以及机构或项目标准。来自外方院校的境外教师首先满足的是外方标准,而来自中方院校的境外教师达到的是中方标准。当前对于这些境外教师的引进属于借用外智的资源引进形式,在高等教育师资国际化发展的当前时期发挥了重要作用,但随着我国高等教育国际化发展进程的不断深入,这种借用外智的形式会逐渐减弱,建成属于我国自身的长期的国际师资队伍才是最终发展目标。

5. 不同层次中外合作办学项目境外教师专业背景分布情况

从表4-22可以看出,由于我国中外合作办学项目开设的专业门类涉及除哲学和军事学外的其他所有门类,境外教师的专业背景也呈现出多样性的分布特点,覆盖除军事学外的所有专业门类,其数量分布情况与我国目前中外合作办学项目开设的专业分布情况呈现出很强的关联性。数量位居前列的教师专业背景分别是工学、管理学、文学、理学和艺术学,其中文学专业背景的教师在本科项目中数量居多,这主要因为大多数本科项目教学中投入相当数量的语言教师用以提高学生的外语水平,体现出合作办学项目的教学特点和对于学生外语水平的较高要求。而在研究生层次项目中,由于学生大多已经具备较好的外语水平,语言教师在教师总数中已经不再占有较高比例,与项目所开设专业背景相同的专业教师占据更高的比例。

表 4-22　2016 年不同层次中外合作办学项境外教师的专业分布

教师专业背景	办学层次			合计
	本科项目	硕士项目	博士项目	
哲学	75(1.32%)	13(1.33%)	1(1.3%)	89(1.32%)
经济学	363(6.39%)	152(15.51%)	13(16.88%)	528(7.83%)
法学	214(3.77%)	75(7.65%)	1(1.3%)	290(4.31%)
教育学	310(5.46%)	42(4.29%)	2(2.6%)	354(5.26%)
文学	887(15.62%)	28(2.86%)	4(5.19%)	919(13.65%)
历史学	69(1.22%)	5(0.51%)	/	74(1.1%)
理学	575(10.13%)	52(5.31%)	6(7.79%)	633(9.4%)
工学	1 549(27.28%)	143(14.58%)	7(9.09%)	1 699(25.22%)
农学	78(1.37%)	/	10(12.99%)	88(1.31%)
医学	255(4.49%)	23(2.35%)	11(14.29%)	289(4.29%)
管理学	765(13.47%)	414(42.24%)	22(28.57%)	1 201(17.83%)
艺术学	538(9.48%)	33(3.37%)	/	571(8.48%)
合计	5 678	980	77	6 735

6. 各省境外教师分布情况

目前我国除青海、宁夏和西藏以外的 28 个省、直辖市和自治区均有高校举办中外合作办学项目。从表 4-23 所示的各省市区的项目和境外教师数量来看,基本上呈现出正相关的特性,项目数量较多的 SH、HEN、BJ 等省市,其境外教师数量也位居前列,且平均每个项目配备的境外教师人数也相对较多,境外教师资源引进情况相对较好。而广大中西部省区境外教师数量总体不多,特别值得注意的是位居表 4-23 后半部分的部分省区,如 NMG、GS 等省区平均每项目境外教师人数不足 5 人。

表 4-23　2016 年各省份中外合作办学项目境外教师分布情况

省市区	项目数量	境外教师数量	平均每项目境外教师数量	省市区	项目数量	境外教师数量	平均每项目境外教师数量
SH	77	770(11.17%)	10.00	HEB	21	120(1.74%)	5.71
HEN	73	701(10.17%)	9.60	HUN	23	119(1.73%)	5.17
BJ	56	673(9.76%)	12.02	SHX	12	114(1.65%)	9.50
JS	82	632(9.17%)	7.71	JX	14	102(1.48%)	7.29
HLJ	66	556(8.07%)	8.42	SC	14	95(1.38%)	6.79
SD	65	485(7.04%)	7.46	AH	13	93(1.35%)	7.15
ZJ	50	421(6.11%)	8.42	YN	10	83(1.2%)	8.30

省市区	项目数量	境外教师数量	平均每项目境外教师数量	省市区	项目数量	境外教师数量	平均每项目境外教师数量
HUB	49	404(5.86%)	8.24	GX	12	71(1.03%)	5.92
JL	42	309(4.48%)	7.36	NMG	7	30(0.44%)	4.29
GD	24	271(3.93%)	11.29	GZ	3	21(0.3%)	7.00
LN	26	253(3.67%)	9.73	HN	4	21(0.3%)	5.25
TJ	30	212(3.08%)	7.07	XJ	1	6(0.09%)	6.00
FJ	15	182(2.64%)	12.13	SAX	1	5(0.07%)	5.00
CQ	19	141(2.05%)	7.42	GS	1	3(0.04%)	3.00

(二) 2016 年与 2015 年的境外教师比较

1. 年龄分布

如表 4-24 以及图 4-7 所示,相比于 2015 年而言,2016 年境外教师总体数量略有增加,年龄结构基本无显著变化,31—60 岁的教师仍然是人数最多的群体,约占总数的 74%,是境外教师队伍之中的中坚力量。由此可见,中外合作办学项目中教师群体基本保持稳定,年龄结构合理,以中青年教师为主。

表 4-24　2015 年与 2016 年境外教师年龄分布

教师年龄(岁)	2015 年(N=5 188)	2016 年(N=6 378)
30 及以下	395	599
31—40	1 156	1 524
41—50	1 352	1 606
51—60	1 385	1 563
61—70	740	927
71 及以上	150	159

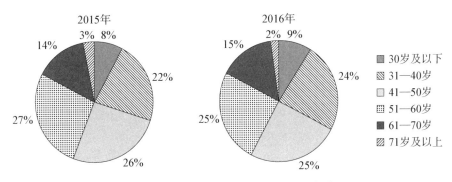

图 4-7　2015 年与 2016 年境外教师年龄分布对比

2. 教师资质对比

2016 年境外教师中具有博士学历的人数依然占总人数的 50％以上,较之 2015 年有小幅度增加,硕士学历的人数则基本持平,学士学历人数有所减少,由此可见境外教师学历水平正在逐步提升,高学历人群不断扩大。

表 4-25　2015 年与 2016 年中外合作办学项目境外教师的学历分布

学位	2015 年(N=5 880)	2016 年(N=6 770)
学士以下(人)	0	3(0.04％)
学士(人)	1 033(17.56％)	945(13.96％)
硕士(人)	1 713(29.09％)	1 989(29.38％)
博士、副博士(人)	3 134(53.37％)	3 815(56.35％)
其他(人)	0	18(0.27％)

2016 年境外教师的职称分布情况如表 4-26 所示,较之 2015 年有很大变化。首先,具有其他职称的人员显著增加,从 2015 年的 0 人上升到 2016 年的 16.23％;其次,中级以上职称的比例有所下降,由 2015 年的 95.14％下降到 2016 年的 80.99％;最后,初级职称的比例大幅下降,由原来的 4.86％降为 2.78％。从两年的数据对比来看,中外合作办学境外教师的职称分布相对合理,中高级职称人数占据绝大部分,初级职称人数不断减少,由于其他职称尚不明界定,若是低于初级职称或者是无职称群体,那么应当继续加强高职称境外教师的引进力度。

表 4-26　2015 年与 2016 年中外合作办学项目境外教师职称分布

职称	2015 年(N=5 166)	2016 年(N=6 764)
初级	251(4.86％)	188(2.78％)
中级	2 007(38.85％)	2 027(29.97％)
副高	1 199(23.21％)	1 609(23.79％)
正高	1 709(33.08％)	1 842(27.23％)
其他	0	1 098(16.23％)

3. 师资来源地对比分析

如图 4-8 所示,相比于 2015 年,2016 年境外教师的前 10 个来源地依然集中在欧美地区,美国、英国、澳大利亚、俄罗斯和加拿大依旧居于前列。但是居于 6—10 名的来源地较之 2015 年而言,还是存在一定变化的,原有的中国香港和新西兰被日本及爱尔兰取代,韩国则由原来的第 9 名跃居第 6 名,德国与法国则相继退后 1 个名次。

图 4 - 8　2015 年与 2016 年境外教师来源分布(单位:人)

二、国际师资的引进与管理

(一) 境外教师来源

当前,境外教师多数是由外方学校选派,有少数属于项目公开招聘。这些境外教师多为教学实力雄厚、学术成果突出、实践经验丰富的优秀人才,其存在有力地保障了合作项目在引进优质国外教育资源上的有效性。

1. 外方学校选派

为确保合作办学项目的教学质量,外方合作学校会选派适当数量的本校教师参与到办学之中,直接负责项目中语言课程以及核心课程的教学工作。例如 TJ 大学与 AJ 大学合作举办的电子与计算机工程硕士学位教育项目中,美方学校每年从其全职师资中选派 8— 10 名教师赴中国授课,这些教师多数是已经获得外方学校终身教授资格的教师。2016 年度美方共选派 8 名全职教授担任课程教师,这 8 名教师都是各自领域的学术名家,包括 IEEE Fellow(国际电气工程师协会会士)、世界级学科带头人以及开创前沿课程的领军型人物。同时,外方也会综合考虑教师在项目中的实际工作表现择优派遣,如在 NJ 大学与 HMM 学院合作举办的工商管理硕士学位教育项目中,会根据历年学院的评估反馈以及课程综合评估报告,来指定优秀的教师到项目中进行教学工作,这些教师不仅具备资深的教学经验,还具有丰富的企业咨询实践成果与经验。另外,外方也在本国国内选聘教师赴中国教学,如 JT 学院与 GMT 大学合作举办环境工程专业本科教育项目中,专业课的教师是德国高校相关专业教师,而语言教师则是德方从与其开展国际合作的教育学员中选聘的,这些教师都以德语为母语,且都毕业于语言类专业或相关文科类专业。[①]

2. 全球公开招聘

在实际办学过程中,为更好地提升教育质量并满足多样化的教育需求,中外合作办学项目还会在国际上公开招聘教师担任相应的教学工作,并要求应聘人员的职业资格和学术水平不得低于外方合作办学者的教师标准和水平。以 PK 大学与 BFB 学院合作举办的工商管理硕士学位教育项目为例,其任课教师的主要构成是 PK 大学本土师资(40%)、外方学校选派师资(22%)、长期外聘外教(38%),其中外聘外教都是长期办学活动中积累下来,在办学前十年中担任过该项目的教学工作,他们不仅有丰富的教学经验,很多都是有实践经验的商界精英,主要承担工商管理领域外方占优势的课程。除了聘请专业教学人员,项目还会聘请一些外籍精英人士担任兼职教师或者讲座教授,为学生提供更多课堂外的教学活动,如 TJ 大学与以 IMP 大学、ITP 大学合作举办的机械实际以及自动化专业本科教育项目,在 2016 年分别聘请了外方的前总理、前公共管理与创新部部长、教育大学和科研部部长、IUSS 高等学院院长、F 市市长等 8 名社会知名人士担任名誉教授,定期为学生开展相关主题的精彩讲座,极大地丰富了学生的课余生活,帮助他们开阔国际视野。

(二) 招聘程序

1. 国家规定

在境外教师的聘用方面,国家先后出台了多项规定对聘用标准予以明确。首先,在教师来源上规定"中外合作办学机构的外方教师,应从外方合作办学者校内选派一定数量的专任教师担任;在国际上招聘的教师,其职业资格和学术水平应不低于外方合作办学者的教师标准和水平,并获得合作双方的认可",并要求将招聘境外教师的标准明确写入合作办学协议之中。[②] 其次,对于师资水平的要求,则规定"中外合作办学机构聘任的外籍教师和外籍管理人员,应当具备学士以上学位和相应的职业证书,并具有 2 年以上教育、教学经验"。最后,在聘用方式上则规定"中外合作办学机构和项目教师和管理人员的聘任,应当遵循双方地位平等的原则,由中外合作办学机构和举办中外合作办学项目的中国教育机构与教师和管理人员签订聘任合同,明确规定双方的权利、义务和责任"。

2. 项目规定

目前,中外合作办学中的境外教师主要由外方合作机构选派,项目自身聘请的境外教师比例并不高。因此,在满足国家规定的基础上,中外合作办学项目在聘请境外教师上,主

[①] 项寅. 我国普通高校中外合作办学项目管理研究——以某高校中德项目为例[J]. 常州工学院学报,2017 (4):73—77.

[②] 中华人民共和国教育部. 教育部关于进一步加强高等学校中外合作办学质量保障工作的意见[Z]. 2013.

要参照其所在中方院校的境外教师聘用制度与标准,对所有境外教师的聘任做出进一步的规定。

（1）聘用条件

在聘任条件上重点关注学历与教学水平,通常要求聘任的境外教师拥有硕士以上学位,具有中级以上职称,持有相应学科的教师资格证,富有教学经验。有些学校会根据教师的教学类别进行更明确、详细的规定,如SZ大学将境外教师的聘任分为两个大类,对于语言类专家、教师要求"应具有硕士以上学历和讲师以上职称,三年以上语言教学经验,要在本国语言和文学等方面有较高的造诣";对于专业类专家、教师则规定"一般应具有博士学位和副教授以上职称,专业基础理论水平较高,熟悉本专业的最新发展情况,在科学研究和学科建设方面有相当的经验"。[①]

（2）聘用方式

对于境外教师的聘用方式,根据其教学工作的性质会采用专聘和兼职两种方式,对于担任语言课程和专业课程的教师通常使用专聘方式;对于担任讲座以及实践指导类课程的教师通常采用兼职方式。同时按照教学需求,又会采用长期聘用和短期聘用的方式,对语言课教师通常会采用长期聘用的方式,但实际上任职时间超过2年以上的教师并不多见;而对于专业课教师,通常是长期聘用与短期聘用相结合的方式,长期聘用的教师多来自于外方合作院校的退休教师,短期聘用则针对一些在职教师,这些教师会采用集中授课的方式完成教学任务,然而这种方式对于教学质量而言并没有太大的益处。

（3）聘用流程

在聘用程序方面,首先项目管理方会对应聘教师进行资格审查、面试、试讲、评议等,经过严格筛选之后,最终与所选教师签订聘用合同。随后境外教师需要有外专局发出的外国专家确认件,然后申请来华的工作签证,用人单位要根据外教工作签证向主管部门申请专家证,在获得外专局颁发的外国专家证后才能上岗、才可以办理合法居留证。以YF大学为例,如图4-9展示了该校外籍教师聘用的基本流程。

（三）国际师资的管理

鉴于当前中外合作项目中境外教师多由外方合作学校选派,在具体办学过程对于境外教师的管理主要集中在教学管理的层面上,人事层面的管理相对较少。

---

① SZ大学国际合作处. 苏州大学聘请外国专家管理办法〔EB/OL〕. http://international. suda. edu. cn/solution. php? mod＝detail&id＝33. 2017-8-20.

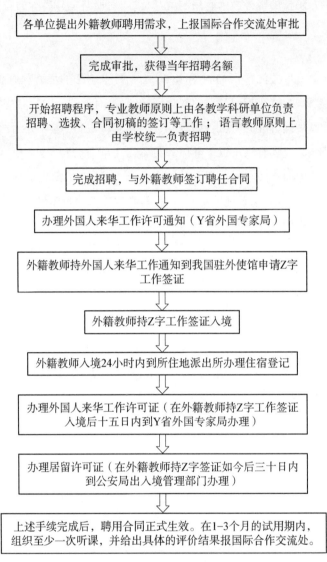

各单位提出外籍教师聘用需求,上报国际合作交流处审批

完成审批,获得当年招聘名额

开始招聘程序,专业教师原则上由各教学科研单位负责招聘、选拔、合同初稿的签订等工作；语言教师原则上由学校统一负责招聘

完成招聘,与外籍教师签订聘任合同

办理外国人来华工作许可通知(Y省外国专家局)

外籍教师持外国人来华工作通知到我国驻外使馆申请Z字工作签证

外籍教师持Z字工作签证入境

外籍教师入境24小时内到所住地派出所办理住宿登记

办理外国人来华工作许可证(在外籍教师持Z字工作签证入境后十五日内到Y省外国专家局办理)

办理居留许可证(在外籍教师持Z字签证如今后三十日内到公安局出入境管理部门办理)

上述手续完成后,聘用合同正式生效。在1-3个月的试用期内,组织至少一次听课,并给出具体的评价结果报国际合作交流处。

图 4-9　YF 大学外籍教师招聘流程

1. 管理机构

在管理机构方面,通常会成立合作项目的联合管理委员会来统筹师资管理的相关事宜,同时设立专门的执行机构负责具体工作的开展。例如在 SZ 大学与 CV 大学合作举办的金融学专业本科教育项目中,学校设立了中加合作项目管理委员会,由分管教学的副校长担任组长,成员由中加双方的相关部门领导组成;同时在合作项目所属二级学院——商学院成立合作教学部,聘用 1 名兼职人员与 2 名专职人员(1 名办公室主任和 1 名外事秘书)负责日常的教学活动安排与管理,并在校教务处安排中加项目专人负责项目教学工作的对接。对于教师教学的考评则由校人事处、国际合作交流处和商学院联合把关。

2. 管理内容

在管理内容上，主要围绕教学质量设立相应的质量管理制度，对教师的教学活动和教学质量进行全面的监督。以 SWPL 大学与 UC 大学合作举办的法学专业本科教育项目为例，为确保项目的教学质量，项目管理委员会设立严格的教学质量监控制度：教学过程中，针对调停课、教学检查、试卷检查等方面制定了严格管理制度，要求教师认真执行上述管理制度，按照教学计划有序开展教学；设立考试委员会会议，邀请中外双方任课教师代表对课堂教学状况、学生课堂表现以及教学工作改进进行探讨；建立外方教师与学生定期沟通、反馈机制，就教学情况、考试结果等与学生进行沟通，实时反馈教学效果；设立学生评教反馈机制，吸收学生对于教学效果反馈的意见，发现教学过程中的潜在问题，及时进行改进。

综上，在境外教师聘用与管理方面，目前已经形成多维合作的长效机制，政府层面，通过政策法规的制定提供方向性的引导，法制化程度日渐提升；机构和项目层面，则通过决策组织与执行组织的相互配合在日常办学中开展有效实践，管理日益规范。

然而，在境外教师聘用与管理中仍然存在有待改进的问题。首先，在教师来源上，外方选派是主要方式，我国自聘境外教师占比较少，其中语言类教师居多而专业课教师相对较少，且工作持续性难以得到保证。其次，在管理层面上，对于政府层面而言，虽然出台了多项政策制度，但多数文件中师资管理仅为其中某一章节，缺乏针对性，并且某些政策文本是 10 年前出台的，对于现在发展状况而言难以发挥时效性；在项目层面上，招聘标准并不清晰明确，对外公布的招聘条件仅满足国家规定的基本要求，中外教师管理多数采用类似的管理模式，实施分类管理的项目并不多见，考虑境外教师队伍的特殊性，实施分类管理可能可以更好地发挥境外教师的作用与影响。

第三节　师资队伍发展特点与对策建议

通过对 2016 年中外合作办学项目师资数据的分析，兼与 2015 年师资数据进行对比发现，当前我国中外合作办学项目师资队伍整体发展稳定，基本结构合理均衡，质量与水平保持较好，但在某些方面依然存在显著差异，诸如学科层面、项目层面、地区层面等，应当成为政府和机构继续关注的重点。通过聚焦境外师资队伍，发现引进优质国际教育资源的目标尚未完全充分实现，境外教师的数量、资质、教学水平和科研能力等方面均有改善的空间。因此进一步提升境外师资队伍质量、加大力度引进高水平教师应当成为未来中外合作办学项目国际师资队伍建设的重点。同时，目前对于境外师资的管理尚需进一步完善，应当有针对性地建立相应的管理制度,更好地发挥境外教师在合作办学中的特殊作用,切实有效地提升人才培养和科学研究效果,促进中外合作办学项目教育质量的整体提升。

一、师资队伍发展特点

(一) 师资队伍结构、规模稳定,质量有待继续优化

2016 年度,全国中外合作办学项目师资队伍结构合理均衡,年龄、性别、学历、职称结构上都基本合理。对比 2015 年的情况,中外合作办学师资队伍发展趋于稳定,在队伍基本特征上均未出现显著变化。但是 2015 年出现的问题在 2016 年依然存在,具体如下:首先,高职称与高学历教师比例仍未实现突破性增长,依旧不足 20%,高层次教师引进力度仍需加大;其次,专业上仍集中在工学、管理学、经济学这些应用学科上,且超过总数的 70%,从学科均衡发展角度上来看,需要进一步完善;再次,地区差异依旧显著,东中部地区项目集聚,西部地区发展滞后;最后,项目层面上也存在师资水平的差异,项目层次越高,师资水平越高,项目数量最多的本科项目中师资力量远低于其他两个层次。因此,为提升中外合作办学项目师资力量,需要重点关注上述突出问题,从而促进项目教师队伍均衡发展,实现办学质量逐年提升。

(二) 引进优质境外师资成果显著,提升了教师队伍的整体水平

从总体数量上来看,2016 年度境外师资队伍基本保持稳定,整体质量相对较高。其中,超半数以上都具有博士学位以及高级职称,这些境外教师多为外方合作学校资深的教职人员,拥有丰富的教学经验。不仅如此,很多境外教师还是其所在领域的学科带头人和首席专家,科研实力雄厚,在其执教期间促成多项合作科研项目的开展。另外,通过灵活的聘用方式,不少项目还聘请富有社会实践经验的境外人士担任兼职教师,为学生提供实践领域的教学与指导。同时,大陆高校积极开展境外教师招聘,从原本单一的语言教师招聘,逐渐扩展到专业课领域,大陆高校自聘的境外教师开始逐渐成为合作办学项目中的重要组成部分,成为办学项目发展的新趋势。

(三) 境外师资规模需要进一步提升,管理制度需要优化

虽然,目前境外师资队伍形成了一定的规模,也保持着较高的质量,但在未来发展中依然有很大的进步空间。

1. 规模需进一步扩大，特别是加大优质师资的引进

通过 2015 年与 2016 年的数据对比，可以发现境外教师占项目教师总人数的比例维持在 1/4 左右，从引进优质教育资源的目标出发，这一比例还可以继续扩大。此外，高学历与高职称教师的比例也有提升的空间，特别是高职称教师人群，目前仅有 1/3 的境外教师具有正高级以上职称。同时，对于境外教师的资格审查仍需严格把控，2016 年调查的数据显示，仍有 40％左右的教师并不具有教师资格。因此，对优质境外教师的引进应当成为未来发展的重点，不仅需要关注教师规模的扩大，更需要提升教师的质量。

2. 管理规范性有待加强，分类管理十分必要

在中外合作办学项目中，需要实行对本土教师和境外教师的分类管理。在本土教师管理上，需要进一步完善师德和党建管理。对于境外教师的管理通常涉及两大方面，首先是人事管理，在人事管理方面通常将合作办学中的教师纳入中方合作学校教师的统一管理中；其次是教学活动管理，在教学方面则由项目所在机构统筹与协调，与项目内的本土教师采用同样的管理方式。据此，在合作办学项目中尚未建立对于境外教师专门的管理制度，然而考虑到境外教师的特殊性，应当建立具有针对性的管理制度，从而更好地激发他们的工作热情，提高教学质量，促进办学水平的有效提升。

3. 队伍稳定性与持续性有待提升

当前，中外合作办学项目中的境外教师中约 80％—90％都由外方合作院校选派，中方自主招聘的境外教师相对较少。外方选派的教师由于要完成自己学校的教学任务，通常选择集中授课的教学方式，根据 2016 年数据的统计，80％的境外教师都是在一学期之内完成所有授课任务。这种"集中授课"的方式，不符合教学的基本规律，会使得教学质量大打折扣，也增加学生的学习负担和影响学习效果。[1] 同时，也有调查显示，中方院校或项目机构自身招聘的教师并不具有稳定性，语言类教师通常工作期限为一个学年，即使是长期聘用，也很少有老师连续任职时间超过两年。[2]

二、对策建议

（一）完善境外师资队伍的相关政策法规

目前，针对中外合作办学项目师资管理的政策法规文件都是早期制定的，如《中外合作

---

① 林金辉，刘梦今. 高校中外合作办学项目内部教学质量保障基本要素和路径[J]. 中国大学教育，2014（5）：62—66.
② 冯发明. 中外合作办学的师资问题及对策探析[J]. 职业教育，2007(6)：33—34.

办学条例》(以下简称"《条例》")、《中外合作办学条例实施办法》(以下简称"《实施办法》")均是 10 多年前制定的,最近的《教育部关于进一步加强高等学校中外合作办学质量保障工作的意见》也是 2013 年出台的,鉴于中外合作办学正处于加速发展的时期,从时效性角度而言,这些政策法规可能存在与现实发展状况脱节的问题。不仅如此,这些政策文件对于师资队伍的管理仅从宏观层面进行规定,"师资管理"往往仅是其中的一章或一节,表述相对笼统,对于境外师资管理的条款很少,在具体实践中仍需要具体细化。

因此,中外合作办学的政策法规应当紧跟项目的实践发展,适应项目的发展需要,根据现实情况及时进行调整和修订,从而有效发挥政策法规的宏观导向作用。同时,出台有针对性的专门政策法规,以更好地规范和指导合作办学中的师资管理,对于特殊性群体的管理应当做出更明确的规定和要求,从而便于办学活动中管理活动的有效开展。

(二)加大力度引进境外优质师资,完善审核机制

考虑到中外合作办学进入快速发展时期,数量和规模正在不断扩大,对于办学质量的要求日益提升。境外教师作为办学活动的重要教学资源,其规模和质量在很大程度上会影响到办学的实际效果。虽然,目前中外合作办学在外籍师资引进上取得了一定的成效,但是还存在很多的进步空间。

首先,在数量上需要进一步扩大,目前境外教师总体数量仅占全体教师 1/4 不到,难以满足"外籍教师至少需承担 1/3 的专业核心课程"的基本要求,这一比例可以进一步扩展到 1/3,以满足课程实施的需求;其次,在教师来源上应当继续增加项目自聘专职教师,以维持教师团队的稳定性,保证授课质量,减少"集中授课"和"飞行授课"带来的不良影响。合作双方应当在项目成立之初就教师招聘达成协议,共同出台符合本项目办学需求的教师招聘标准,招聘真正符合标准的实用人才,实现中外合作办学"融合性"发展的特色,减少传统的"嫁接式"或"拼接式"教育方式带来的不良影响。

(三)建立境外师资队伍的长效管理机制

目前,中外合作办学项目中对于外籍师资管理的职责并不明确,部分由合作院校校级层面统一管理,部分由办学项目所在二级机构负责协调,项目中境外教师与本土教师也没有分开管理,这对于发挥境外教师团队的特殊性而言并不是十分合适。

因此,对于境外师资队伍的管理,应当建立具有针对性的管理机制。首先,在人事管理上,应将境外教师的管理纳入到项目所属机构的日常管理之中,也便于日常的沟通和实际操作;其次,在教育管理上,境外教师通常采用的国际通用的授课与考核方式,对于他们的教学计划、教学设计、教学内容和教学活动实施应当给予自主开发的权力,而非限制他们的

教课方式和教课内容;再次,在工作考评上,应当重点关注其所授课程的教学效果和学生反馈情况,而不是单一的考察课程数量,同时建立相应的激励机制,对于授课效果、质量高的教师给予一定的奖励;最后,生活支持上,为境外教师提供全方位的支持,帮助他们解决生活中因外籍身份而引起的各种困难与障碍。

第五章 更有效率：不断提高效率的教学组织

教学组织是教学活动的根本要素之一，提升中外合作办学项目的教学组织水平有助于提升中方母体学校的学术层次和教学管理能力。本章主要指出中外合作办学项目可以通过引进外方独具特色的课程体系和境外教材，创立新型的教学方式，完善中外合作办学项目的教学质量保障体系，推动中外合作办学的教学发展。此外，鉴于中外合作办学的复杂性和特殊性，中方院校也可以在吸引境外优质教学资源的同时，建立符合项目自身情况的教学组织。

第一节 课程体系的引进情况

《教育部关于进一步规范中外合作办学秩序的通知》明确指出，要从学科专业、国别选择、数量布局等方面精心筹划本地区职业教育的中外合作办学规划，指导学校切实加大引进外国优质教育资源的力度，借鉴外方在学科专业设置、课程体系改革、教学内容更新、人才培养模式创新等方面的有益经验。[①] 中外合作办学可以视为教育的"输入"和"输出"，《通知》中提到的外国优质教育资源就是国外先进教育"输入"的过程，其中包含课程体系的"输入"。

一、课程体系的现状

根据教育部教育涉外监管信息网公开数据，整合了课程体系部分的内容，进行数据统计分析后结果如下。

---

① 孙珂. 中外合作大学课程体系建设的国际化视野与本土化转向[C]. 林金辉. 中外合作办学规模、质量、效益研究，2016(10)：146.

（一）引进外方课程体系有待提升

中外合作办学项目所设课程体系的开课方式大致归为三类,分别是中方开设,即课程大纲、教辅资料、试卷等由中方合作大学提供,教师由中方派遣;引进外方,即课程大纲、教辅资料、试卷等均由外方合作大学提供,教师由外方派遣或认可;共同开发,即课程大纲、教辅资料、试卷等均由双方共同商定、教师由双方认可。根据教育部教育涉外监管信息网公开数据,我国2016年中外合作办学项目的课程各类开课方式情况比较见图5-1、5-2。

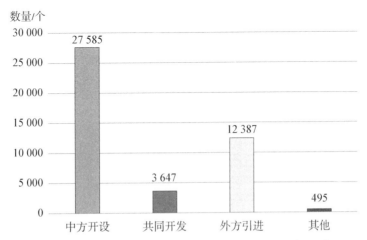

图5-1　2016年中外合作办学项目的课程各类开课方式情况比较

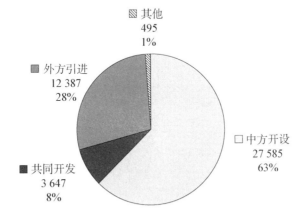

图5-2　2016年中外合作办学项目的课程各类开课方式占比情况(单位:门)

注:以上统计图仅统计为有效数据的44 114门课程。

如图5-1、5-2所示,目前中外合作办学项目中超过60%的课程由中方开设,引进外方和共同开发的课程分别占到28.08%和8.27%。尽管引进外方和共同开发课程的比例总和超过了三分之一,但从总体情况来看,无论是引进外方的课程体系还是由双方院校共同开发的课程体系,都还有进一步提升的空间,特别是体现双方院校在学生培养和课程体系建设方面进行深度合作的共同开发课程目前所占比例尚不足10%,仍然需要中外双方院校在未来的合作办学过程中继续加强和提高。

同时,针对共同开发的课程,根据课程性质大致分公共课、专业基础课、专业核心课、选修课、实践课五大类,统计分析结果见图5-3、5-4。

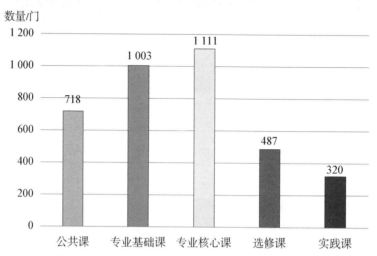

图5-3 2016年中外合作办学项目共同开发课程的类别比较

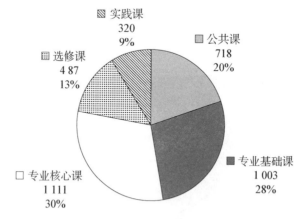

图5-4 2016年中外合作办学项目共同开发课程的各类别占比情况(单位:门)

注:以上统计图仅统计为有效数据的3 639门课程。

如图5-3、5-4所示,由中外双方合作院校共同开发的课程尽管总量不多,但从课程类别来看,占比重最大的两类课程同样是专业核心课和专业基础课,与引进外方课程类别的分布情况(图5-9、5-10)有着较为相似的特征,体现出中外双方合作院校在专业教学领域的深度合作。此外,由双方共同开发的公共课也占接近20%,说明中外双方在学术上共同开设课程的类别越来越多样,不仅仅局限于与项目专业密切相关的课程,没有划分专业方向的通识类课程数量也在提升。

(二) 授课教师以外教为主,且多为集中授课

虽然当前我国中外合作办学项目培养计划主要以中方开设课程为主,但从教育部教育涉外监管信息网公开数据来看,外籍教师为教学工作的主力军,详见图5-5、5-6。

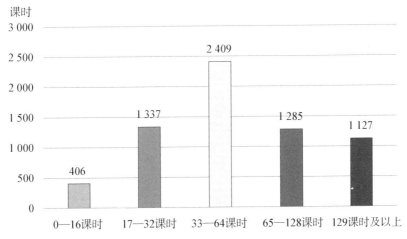

图5-5 2016年中外合作办学项目外籍教师授课时数分布情况

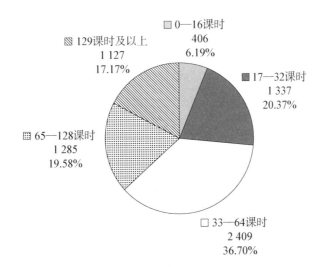

图5-6 2016年中外合作办学项目外籍教师授课时数占比情况

注:以上统计图仅统计为有效数据的6 564位外籍教师的相关授课数据。

从图 5-5、5-6 来看，外籍教师授课时数的相关数据显示，超过三分之一（36.70%）的外籍教师授课时数在 33—64 课时之间，授课时数在 17—32 课时、65—128 课时和 129 课时以上三个区段的外籍教师人数基本相当，其比例均在 20% 上下，而授课时数不足 16 课时的外籍教师数量则很少，不足 10%。由此可见，当前中外合作办学项目的教学工作不但由中国籍教师承担，还有相当一部分课程由外籍教师进行授课，一方面可以让学生体验到更国际化的教学环境和资源，拓展学生的国际视野，另一方面可以通过外籍教师的教学方式和思维模式，以外语为教学媒介，将引进的课程体系更高质量地传授给学生，使学生实现从国内的基础教育向境外优质高等教育的过渡。

外籍教师的授课周数则可以有效反映外籍教师在教学工作中所承担的工作量，以及在中外合作办学人才培养过程中所投入的精力与时间。

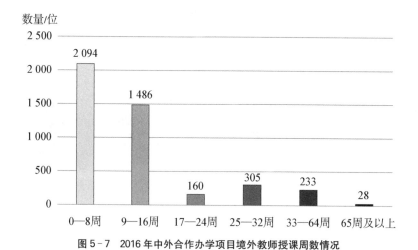

图 5-7　2016 年中外合作办学项目境外教师授课周数情况

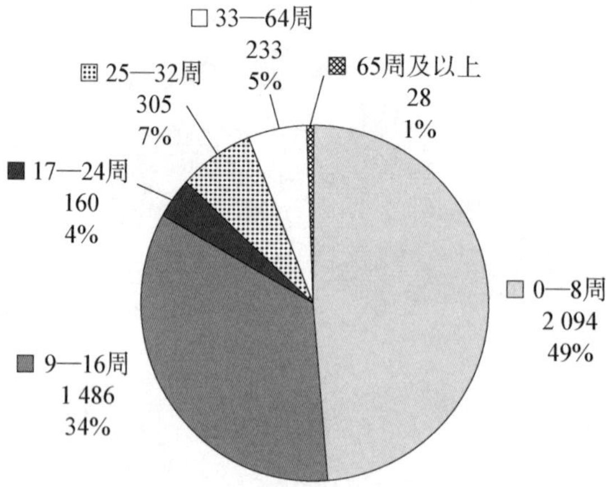

图 5-8　2016 年中外合作办学项目境外教师授课周数占比情况

注：以上统计图仅统计为有效数据的 4 306 位外籍教师的相关授课数据。

从图 5-7、5-8 外籍教师授课周数的相关数据可以看出,授课周数在 0—8 周的教师约占总数的一半(48.63%),而授课周数在 9—16 周的教师约占三分之一(34.51%),这说明目前我国中外合作办学项目中大部分的外籍教师授课情况仍然相对集中,其中部分为"飞行教师",即从外方合作院校派遣至中方合作院校完成短期集中授课。据统计,超过 80% 的外籍教师通常在一个学期内完成授课,而授课周数超过一个学期的各区段的外籍教师人数均相对较少。

(三) 课程类别多为专业核心课

根据教外综〔2006〕5 号文件精神,引进的外方课程和专业核心课程应当占中外合作办学项目全部课程和核心课程的三分之一以上。2016 年我国中外合作办学项目课程体系内占比为 28.08% 的(见图 5-2)外方引进课程中,按课程性质大致分公共课、专业基础课、专业核心课、选修课、实践课五大类,统计结果如图 5-9、5-10。

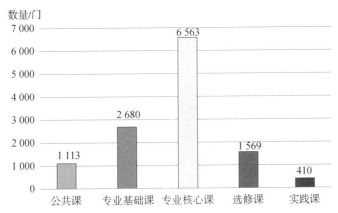

图 5-9　2016 年中外合作办学项目引进外方课程各类别数量

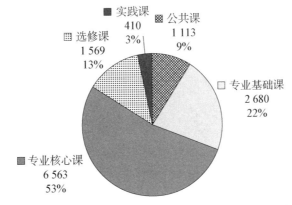

图 5-10　2016 年中外合作办学项目引进外方课程各类别占比情况

注:以上统计图仅统计为有效数据的 12 335 门课程。

从图 5-9、5-10 可见,引进外方课程中所占比例最大的是专业核心课,其总量超过所有引进外方课程总数的一半,引进外方专业基础课所占比例也超过了 20%。上述两类课程在所有引进外方课程中占到约四分之三,说明目前我国中外合作办学项目中引进外方院校的课程多与专业教学密切相关,这有助于中方院校通过引进国外优质教育资源提升自身学科建设和专业教学水平。

二、课程体系的特点

中外合作办学项目的课程体系受到中外两个办学方教育理念的双向冲击和磨合,形成了其独特的有别于国内传统课程体系的特点。

(一)课程体系的创新灵活

随着我国中外合作办学越发成熟,许多高校的课程体系受不同外方教育形态的影响,在设置课程体系时融入了创新的培养目标,课程设置也更为灵活,使学生有广泛的个性化选择权。同时,中外合作办学项目根据项目的培养要求专门制定有利于培养该领域人才的课程教学大纲,教学大纲的制定更体现中外合作办学项目的特色和优势,可以允许教学内容的多样化。

例如,BJ 大学与比利时 FLRKS 学院合作的 BiMBA 项目在课程体系设置上创新,2016 年为适应现代经济与金融业的快速发展,为学生新增了"投资银行"与"投资估价"等选修课,由在投行有着二十多年经验的教授担任主讲,并聘用了著名企业家及管理学教授为专职教授,为学生提供了非常实用的课程。目前该项目把创业创新、战略和领导力、营销与品牌、体育产业与大健康等新型专业领域的课程设置为选修课,同时把"国家发展系列讲座"也纳入到了课程体系中去。NYLG 学院与新西兰 HLDWDLY 大学合作的工商管理本科项目的教学大纲内容多样,除了引进课程全部使用外方合作大学的大纲外,其他共同开发的课程结合我国实际教学情况进行了修订,教学方式引入了欧美国家管理类教学的 Seminar 课程实训形式,大部分课程选用外方大学提供的原版教材,教学内容加入了案例分析、项目任务等,考核方式采用多元化的平时考核,重视全程化、开放式的考核。

(二)课程体系的本土化

国际化的本质属性是双向交流性,一个国家的教育和课程若丧失了特色化的本土基础便失去了与他国进行国际交流的必要。① 因此,从国外引进的课程体系只有实现了充分的本土化,才能充分地发挥其提高我国教育质量的作用。所谓的课程体系的本土化,就是中外合作办人才培养计划应根据中外双方合作办学的人才培养目标,结合目前的社会人才需求,在引进外方优质的课程体系的同时,结合本校的情况,进行有机地消化、融合和创新,有计划、分步骤地实施本土化改造,以适应本校的校情和我国的国情。

课程体系的本土化可以有两种形式。

一、增加过渡性教学。中方课程教学内容与外方课程体系之间难免有衔接性不足的情况,为了使中外合作办学项目的培养计划更完整,保证学生前期所学的基础知识与引进课程体系和教材紧密关联,学校在制定培养计划时,根据中外双方课程设置的长处与不足,可适当增加部分过渡性的课程,设计一些关于双方教材内容承上启下的讲义,确保知识体系完整、流畅地教授给学生。

二、融入思政文化教育。在人才培养计划当中设置相关思想政治教育课程和中国文化课程,加深对爱国主义精神的理解以及中国文化理论知识的学习,同时,积极开展德育教育,培养学生的民族自豪感和社会责任心。此外,适当增加中国历史、地理、艺术、传统文化等方面的课程,可以潜移默化地将中国文化传播给来华的留学生以及外籍教师,由他们传播到世界各地,促进中国文化的传承。例如,SHSF 大学与法国 BLSPSKE 大学合作的经济学专业本科项目在海外开展党员理论课题研究,在学生的思想政治工作中加入国际化新元素,通过贴近文化生活的调查,对社会主义核心价值观建立更深刻的认识,对中国传统文化产生更多角度多层面的理解。

(三)教学大纲的跨文化

从 1992 年联合国教科文组织正式提出了跨文化教育这个概念起,增加跨文化知识、培养跨文化的积极态度、提高跨文化交流能力以及促进跨文化发展越发被重视。《教育规划纲要》提到,要加强国际理解教育,推动跨文化交流,增进学生对不同国家、不同文化的认识和理解。跨文化教育可以从教学大纲的改革作为切入口,融入跨文化能力的培养。

课程大纲的跨文化融合,首先想到的是语言教学,它是许多中外合作办学项目的基础教学环节,把跨文化教育融入语言教学是至关重要的。学生在学习某一门外语时,要充分认识到跨文化学习在外语学习中的重要性,在跨文化交流的过程中了解隐含的他国的文化价值观、是非标准、社会习俗、民族心理等。FJNL 大学与加拿大 SWSS 大学合作的旅游管理专业本科项目的教学大纲是由中外双方院校共同研究制定的,该项目引入 SWSS 大学语

---

① 杨启亮.守护家园:课程与教学变革的本土化[J].教育研究,2007(9).

言中心在 2017 年暑期举办的英语强化培训课程,邀请海外专家和教师授课讲解他国的文化和风俗,提升学生的国际化意识。

其次是思维方式的融合。众所周知,中西方的思维方式存在较大差异,中国文化习惯由近及远,从宽泛的时间和空间切入主题,偏重整体性思维;西方文化提倡直截了当,习惯把主题内容放在首位,先主后次,偏重个体性思维。所以在教学大纲的编写过程中,要结合外方教学思维的特点,让学生学会多维度思考问题。BJJZDXGC 学院与美国 AB 大学合作的给排水科学与工程专业本科项目引进了互动性英语语言课程及其教学大纲,教学上使用原版外文教材和参考书,为学生营造国际化的育人环境,引导学生善于从其他角度表述和思考问题,使学生更好地适应西方的教育方式。

第三是文化观念的融合。外方尤其是西方国家的文化观念,鼓励学生独立学习、自主创新、团队合作、勇于展现,在中外合作办学项目的课程大纲中应增加小组任务、课外学习等成绩评定的形式,给学生展现自己能力的平台,树立自信心。NJXXGC 大学与英国 MCST 大学合作的大气科学本科项目在教学大纲中加入课堂讨论、实践环节、案例分析等,通过英方的教学方式融入国外重实践、敢创新的教育观念。

第二节　教材的引进和建设

教材建设是教育事业一项重要的基本建设,也是提高教育质量的一个关键环节。随着我国中外合作办学的起步与发展,教育模式越来越丰富,在一定程度上满足了学生日益增长的多样化教育需求,教材的建设也在继续改革和更新。另外,由于创新办学机制的推动,在教材方面的改革也已取得可喜的成果。如何落实引进教材的选择、跨文化融合以及教材建设的规范化成为中外合作办学项目正在思考的问题。

一、教材的选择

为提高中外合作办学教学质量和学术水平,高校以各种方式引进外方教材。教材作为授课的重要资料,是依据教学的目标和内容所编著的有利于教学活动的材料。《中华人民共和国中外合作办学条例实施办法》中提到,中外合作办学机构应当根据国家有关规定通过合法渠道引进教材,引进的教材应当具有先进性。《国家中长期教育改革和发展规划纲要(2010—2020 年)》明确提出,要引进境外优秀教材,提高高等学校聘任外籍教师的比例。

目前中外合作办学项目越发重视教材的引进和使用,根据教育部教育涉外监管信息网公开数据,对教材的使用语言进行统计,结果详见图 5-11、5-12。

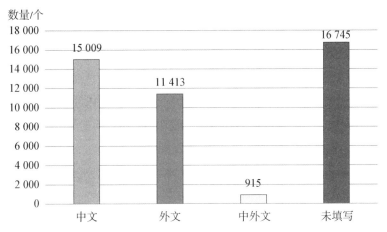

图 5-11　2016 年中外合作办学项目教材使用语言情况

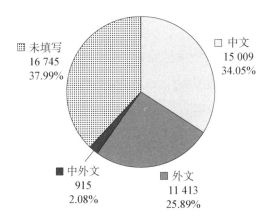

图 5-12　2016 年中外合作办学项目教材使用语言的占比情况

注:以上统计图仅统计为有效数据的 44 082 个项目。

从图 5-11、5-12 来看,在中外合作办学项目课程所用的教材中有超过三分之一(34.04%)为中文教材,使用外文教材的课程约占四分之一(25.89%),而使用中外文教材的比例较小,仅占 2.08%,另外还有相当数量的课程未填写教材使用语言的情况。说明中外合作办学项目使用中文教材较为普遍,其中原因可能是母语更便于学生理解和掌握知识。外文教材的使用也相对较多,说明中外合作办学项目越来越注重学生对外文教材的阅读能力,且学生有更多机会接触国外的专业词汇和表达,拓宽学生的国际化视野。

在引进教材的过程中,有的学校直接使用原版教材,但考虑到价格较高的因素,学校图书馆采购部分原版教材供学生学习,其弊端是学生在教材需求量较大时可能出现资源供应不足的情况;有的学校专门成立教研组负责教案与讲义的编撰工作,将原版教材中需要使用的部分摘录出来,结合本项目学生学习情况整合成新的课件,在降低了经济成本的同时,提升了课件的适用性和衔接性。

此外,学校在引进外方教材时,必须对教材内容进行严格把关,所有教材必须全面审读,避免出现有政治问题的语句,在社会上造成不良影响。选择外方教材时,要考虑系统性、择优性、思想性和发展性等原则。[1] 在确定外方教材时,应由中方和外方专业负责人、教师团队、项目主管共同协商,并对教学内容过时的教材进行更新。

二、教材建设的规范化

中外合作办学项目的教材建设已成为学校中外合作办学教学水平的标志之一,教材建设的好坏直接影响着教学质量的高低。教材建设是一项长期的工作,为了实现教材建设的规范化管理,部分中外合作办学项目已经设立了一定的长远规划,并在此基础上制定了一系列的要求和规章。

第一,教材建设的队伍。教材管理不单纯是事务性工作,还是一项科学性较高、技术性较强、规范性较严的系统工作。中外合作办学项目在教材的建设和管理上成立一支专业的队伍,对于教材的把关有着极大的作用。首先,教材建设需要聘请一些教材审核经验丰富的专家,以及学术水平经得起考验的优秀教师,尤其是参与中外合作办学项目教学的教师。其次,增强教材建设的意识,树立责任感,对国内外最新研究成果有所认知。另外,教材建设团队的工作开展需要与外方合作大学共同完成,可以使外方合作大学了解项目运作的情况以及参与教材的甄选,避免闭门造车式的工作形式。

第二,教材的选用制度。中外合作办学项目的教材选用要求具有国际化和前沿意识,必须向最新的知识体系靠拢。随着引进境外原版教材数量的增加,教材的建设者要着眼于教材的学术理论构架与引进课程的契合度,以及教材编著者和出版社的学术地位,确保教学内容的先进性和时代性,才能传授给学生发展前沿的专业知识和技能。此外,教材的选用不仅仅局限于纸质的传播媒介,还可以是音像、网络电子出版物等多种媒体的立体化的教材体系,以满足不同类型的专业和不同层次的人才培养需要。

第三,教材的评估制度。包括教材评优和教材评价,是对教材质量高低的评判。目前中外合作办学项目使用的教材近万种,同种教材版本也相当多,水平参差不齐,在这种情况

---

① 江爱华,关雯文. 论国际化视野下高校外文原版教材引进的"本土化"改造[J]. 南京航空航天大学学报(社会科学版),2007(4): 98—101.

下，制定教材评估制度尤为重要。一方面通过评优把质量高的教材评出来，大力宣传并推广使用，提高优秀教材的使用率，并带动教师选择或编写更精更好的教材。另一方面，定期组织专家、国内外教师、学生对正在使用的教材进行评价，便于发现问题，判断优劣，同时达到国内外专业人士交流经验和传递信息的目的。

我国中外合作办学项目中，有不少院校已经把教材建设纳入重要的教学工作中。DBSY 大学与俄罗斯 KBGLJS 大学合作的工商管理本科项目本着"严格、适用、适应"的原则遴选教材，优先选用在国际上有先进水平的教材及国内优秀教材，大力支持选用优秀的外文原版教材，提倡选用近年出版的修订版教材，并鼓励教师自编教材和讲义，以保证所选教材具有与该专业学科发展相适应的学科水平，使学生在掌握基本理论和技能的前提下，培养心灵、智能和工作能力。该项目引进的 18 门课程全部选用外文教材，同时学生可以通过网络共享俄方合作大学的资源，包括网络图书馆、远程课堂、远程讲义等。XMLG 大学与加拿大 LJN 大学合作的环境工程专业本科项目在 2015 年 1 月召开了项目引进教材的审核研讨会，对国外教材的特点和内容是否适用项目学生、教材的更新策略等进行了讨论，并与外方合作院校协商改善了个别教材版本过于陈旧的问题。

第三节　教学方式的改革

越来越多高等院校在中外合作办学的路上起步，探索培养国际化人才的途径，不断尝试新的教学方式。在借鉴国外大学人才培养先进经验的基础上，中外合作办学的人才教学方式呈现出以学生为导向，以学生的成长和体验为中心，以培养具有国际化视野、创新能力强、综合素质高的专业人才为基本目标的特点。

一、以外文为主要教学语言的教学方式

根据教育部教育涉外监管信息网公开数据，将培养方案模块中的授课语言情况进行统计分析后，得出以下结论，见图 5 - 12,5 - 13。

从图 5 - 13、5 - 14 来看，有关中外合作办学项目课程授课语言的数据显示，目前使用中文授课的课程仍占所有课程的一半以上（51.50%），使用外文授课的课程比例接近三分之一（31.98%），而同时使用中外文双语授课的课程比例还比较小，尚不足 10%。这说明除培养计划中用中文授课的思政类课程外，中外合作办学项目广泛运用外语作为授课语言，通过这种教学方式为学生营造国际化的学习环境。

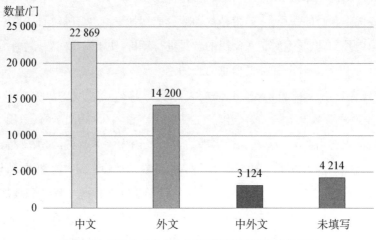

图 5-13　2016 年中外合作办学项目课程授课语言的情况

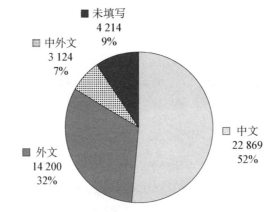

图 5-14　2016 年中外合作办学项目课程授课语言的占比情况

注：以上统计图仅统计为有效数据的 44 407 门课程。

二、课内外教学相结合的教学方式

　　课内教学的主要优势在于可以系统性地传授理论知识，着重知识点的讲解，利于学生尽快掌握课堂教学内容，也适合我国的国情。然而其劣势在于学生缺乏运用知识的平台，对于课堂教学知识点的理解停留在表面上。因此，中外合作办学项目在教学方式上采用课内外教学，就可以实现两者的优势互补。

　　一些中外合作项目结合学生的个人发展和培养目标，开始推动课内外教学相结合的教学方式。例如,HLBE 学院与俄罗斯 BEGLDGLGY 大学合作的土木工程本科项目积极开展课外实践教学,多次组织学生到建筑工地进行现场参观实习,增强学生实践认知能力。CQJT 大学与英国 NSBY 大学合作的机械设计制造及其自动化本科项目借鉴国外工程技术教育模式,结合多样的教学方法,包括课内的理论教学以及在课外实训基地的现场教学,强化工程训练,注重理论联系实践。HBGC 学院与英国 AGLYLSJ 大学合作的土木工程项目设立了第二课堂,提供学生参加各种类型活动、竞赛的机会,同时邀请外方合作大学专业课程负责人开展讲座、辅导和报告,并把课外实践教学的学分占比提高到总学分的 28%。

三、培养学生自主学习的教学方式

中外合作办学的部分高校已经着手教学改革,将传统的以教师讲学为中心的授课模式转向以学生为中心的教学观念,倡导学生积极参与教学过程,改变被动学习,摈弃死记硬背,课堂上让学生多发声,创建开放、自由的学习环境,促使学生善于发现问题,学习分析和解决问题的方法。

由于学生在进入高校前的基础教育多为理论讲授为主的填鸭式学习,高校推行自主学习的教学需要一个循序渐进的过程,从培养学生自主学习的兴趣入手,养成自主学习的习惯,教会学生自主学习的方法。在培养学生自主学习的兴趣时,教师可以向学生提供充分的从事探究活动的机会,通过各种生动的案例和新颖的题材吸引学生的关注,抛出问题引发思考,鼓励学生质疑问难,在学生提交研究成果后给予一定的表扬,使其产生成就感。在多次完成自主性学习后,学生对探索专业领域的知识产生积极性,逐步养成了研究和分析案例的欲望。教师应传授学生自主学习的方法,包括国内外参考文献的查阅、数据的收集统计、分析软件的操作运用、与专家学者探讨问题等,学生在亲身实践后得出结论。而教师的角色是给学生创造一个自由表达观点的环境,并适时给予指点。

目前许多中外合作办学项目的教学计划设置受引进的外方教学方式的影响,开始淡化被动接受式的学习,给学生的自主学习留出更多时间和空间,教学活动具有明确的任务性,学生们可制作 Powerpoint 进行演讲、选择课题开展研究形成报告、组成小组讨论完成实践活动等。例如,BJJT 大学与美国 LCSTLG 学院的信息管理与信息系统本科项目,鼓励以学生为中心的教学理念,合理使用分组讨论、团队协作、课堂研讨、项目研究、海报展示等教学手段,为学生自主学习提供尽可能多的机会和展示平台,充分调动学生自主学习以及从事科学研究和创新实践的积极性,培养和锻炼学生的多方面能力。

四、校企紧密合作的教学方式

提升学生的实践能力,培养社会需要的国际化人才始终是中外合作办学项目人才培养的主要目标,加深校企之间紧密合作是实现这一目标的重要举措之一。校企合作的意义在于:发挥学校和企业各自的优势,培养社会与市场需要的人才,实现高校与企业的双赢。

校企合作的教学方式有以下表现形式:

(一)举办企业代表讲座

高校邀请企业的专业技术人员、管理人员给学生作专题讲座,这种方式能使学生更好地掌握专业技能,使得学校的教学内容更具针对性和实用性。在确定讲座课题时,学院专业教师团队应给予建议,使讲座内容与教学内容密切关联,确保学生的学习效果和效率。有了企业专业人士生动的解说和真实案例,学生对所学知识形成立体的概念和透彻的理解。例如,HDJT 大学与英国 AGLYLSJ 大学的工程管理本科项目,定期聘请外方专家、项目管理人员召开讲座,分享新形势新思路新方法,解决学习中遇到的问题,邀请的专家主要来自建立长期合作关系的国企或地方知名企业,由这些企业的优秀骨干工程师来校做英语报告,用案例解析相关知识。

(二)共建校外实训基地

学生在校学习了一定的专业知识与技能之后,还需要在企业的具体实践进行练习。高校与企业应采取各种方式共同建设好校内实训场所和校外实训基地,让学生接触到新兴的技术,了解所学专业的市场需求和职业定位。实习基地的设立,不仅对学生的学习有帮助,也对教师的学术水平和专业技能有益。例如,CQ 大学和 XXNTDXLH 学院的电气工程及其自动化项目采用校企密切合作、协同培养的 Co-op 模式,打破学校与企业在人才培养上的壁垒,通过与 44 家知名企业合作建立实训基地,企业根据专业培养大纲,提供有针对性的实习岗位,制订了完整的实训计划,设立课堂学习与企业实践互动的方式,学校协同企业开发适用于学生各阶段理论知识和水平的岗位,由学院按照企业要求,提前对学生进行相关技能培训,确保学生能尽快顺利地融入实训过程中。

(三)校企之间实体合作

校企之间实体合作是通过协议来确认双方权利和义务来实现的,将学校与企业双方的利益联系在一起,企业以不同方式向学校提供资源,参与学院的管理和教学等工作。学校邀请企业专家作为指导老师为学生讲授应用方面的知识,学校教师参与企业的研发,与企业员工合作完成科研项目。例如,LC大学与HGJG大学合作的生物工程专业本科项目与国外的一流生物工程企业建立了校企合作关系,签订了协议,成为该专业固定的实习实训基地。学院聘请了公司董事长、科技研究所所长任该专业兼职教授,为学生开展学术报告,并对学院的教学工作给予支持。

第四节　教学质量保障体系

教学质量的高低程度决定着中外合作办学项目人才培养质量的高低,因此,学校建立一个有效的内部教学质量保障体系,由教学管理系统、反馈评价系统、教学研究系统和教学服务系统组成,同时接受外部质量保障体系的评估和监督,以确保教学质量的稳步提高。

一、内部教学质量保障体系

内部教学质量保障体系有利于中外合作办学项目合理组织教学过程的各个环节与各部门的职能工作,从而形成一个权责明确、项目协调、相互促进的有机整体,是学校规范和监控教学质量的重要手段,也是教学质量稳定的有力保证。

(一)教学管理系统

教学管理系统是指在高校党委和主管校长的领导下,以中外双方成员组成的管理组织以及以学校教务处为主形成的对教学活动进行指挥、参谋咨询、协助运作的系统。[①] 当前,中外合作办学项目成立的管理委员会成员由中外合作院校的高层管理人员组成,定期召开会议,把关项目的运行情况和今后的发展方向。

中外合作办学项目的教学管理系统有别于其他专业的运作方式,应结合项目中的特色,除了把中方教学管理内容设置到系统中去,还加入了外方的教学活动信息,如外方教师信息、引进外方课程的大纲和教材、外方课程考核形式等。教学工作的管理从主管领导到教学协调管理部门,再到各教学基层单位,直至教师和学生;同时,教学工作中的问题可以从教师和学生回到教学管理部门和主管领导,这样的沟通渠道便于学校及时了解教学效果和学生学习质量。

---

① 林萍兰.高校教学质量保障体系初探[J].浙江工商职业技术学院学报,2002(4):82—84.

此外,部分中方院校聘请一些学术水平高、责任心强、有丰富教学经验的老教师组成督导小组,以最直接的听课方式了解课堂教学情况,及时发现教学工作中的问题,监督和检查教学秩序和质量,并发挥指导作用,提出整改措施。中外合作办学项目的外方课程授课质量不能因为教学发生地点的不同而马虎对待,督导小组可结合外方课程大纲,针对性地对教学质量进行把控。

(二) 反馈评价系统

反馈评价系统主要反映在教学运行过程中教师的教学效果、学生的学习质量等信息,能够通过某种途径较快捷、较准确地获取反馈。各高校反馈评价系统的形式通常有学生评价、教师评价等。

目前,学生评价通常以调查问卷的形式,通过网络媒介完成。学校保证学生评价信息的真实性和客观性,鼓励学生公正地运用自己的权利,给学生创造机会参与教学质量保障工作。中外合作办学项目的课程体系不仅有中方课程,还有引进的外方课程,作为教学质量最直接的体验者,学生的评价结果能够给中外合作办学项目的管理人员以重要参考。

教师评价体现在诸多方面,例如对专业学科建设的评价、对教学质量的评价、对课程基本建设的评价等,高校在设置量化的评价标准后,将教师评价结果作为教学质量考核的一部分,并把教师的建设性意见反馈到教学管理中去,充分发挥教师评价的参谋作用。

(三) 教学研究系统

随着社会的发展和科学的进步,许多在过去认为是最适当的观念、内容和手段如今已成为制约教学质量进步的阻力。所以,中外合作办学项目的教学工作除了日常的基本教学外,还须广泛开展教学研究,汲取外方教学上的优势,以提升教学水平,推动中外双方交流教学方法,并实现项目不同发展阶段的发展目标。可以说,教学研究系统的形成是促成中方和外方教师合作开展教学研究的有效措施之一。

教学研究系统的人员大致可分为两类,一是由教学管理人员和任课教师组成的队伍;二是教学研究的专职人员队伍。当前不少中外合作办学机构已经意识到教学研究对于教学质量保障的重要性,在学校内设立了教学研究中心,对影响教学质量的各种因素逐项加以分析、研究和改革,在教学内容和方法上推陈出新。同时,这也是引进外方优质教学资源的主要目的之一。

(四) 教学服务系统

高效的教学服务系统是内部教学质量保障体系的基础保证,它不但能维持师资力量在教学事业上的高度热情和积极态度，而且能为学生提供良好和谐的教育教学环境。

教学服务系统的人员主要为学校的行政后勤服务部门。学校进一步提高了这些部门员工的服务意识和水平，以热情周到、优质高效、国际接轨为目标，为中外合作办学项目的教学质量保障做好坚强后盾。首先，中外合作办学项目的师资团队中包含外籍教师，学生中包含国际留学生，无论是校园内指引公告的内容，还是学生食堂的设置，都尽量满足他们的需求，学校在最大程度上考虑到他们在教学过程中的体验和归属感。其次，例如学校图书馆的工作应进一步提升，在图书类目上参考中外合作办学项目的教材清单，并从数量上尽量满足学生和教师，在借阅制度上结合中外合作办学项目的教学特色，给教师和学生创造便利。第三，课堂教室的设施应随着教学手段更新而提升，授课方式不仅是传统的"粉笔黑板"，教学辅助设备需要现代化技术的支持。

案例：HBZYY 大学与美国 WSDSLZL 大学合作的护理专业本科项目

该校为了切实保证并不断提高中外合作办学项目的教学质量和人才培养质量，采取了一系列措施，强化教学质量监督保障体系，主要包括以下几项。1. 定制并落实《HBZYY 大学中外合作办学项目教学管理实施细则》。2. 成立了联合管理委员会、教学委员会、涉外护理教研室等多级项目管理机构和机制，实施联合管理委员会的年会制、教学委员会的月例会制、教学情况通报制、教学质量的监督和考核制等。教学委员会中方由国际教育学院院长、护理学院院长、教务处处长等参与，外方由健康科学学院院长、护理学院院长、教导主任等共同组成，以月例会形式（网络视频会议）对日常工作进行沟通、交流和决策。国际教育学院下设有教学办公室、学生工作办公室、外语培训中心，负责日常的教学和学生管理；护理学院设有涉外护理教研室，具体负责中外合作办学项目的教学计划实施和中外教师教学任务的落实及管理。常态性的畅通管理保证了合作办学项目的实质性推进。3. 学校分管教学校长专门组织教学职能部门、相关院系和专家召开"中外合作举办护理学专业本科教育项目培养方案、课程设置、教学计划的专题论证会"，对每学年的教学工作进行总结和完善。4. 中外护理项目学生单独编班、授课和考试，便于开展针对性的教学管理和特色教育。5. 每学期举行 1—2 次学生评教活动，利用座谈会形式对外教进行公开评议，交流教与学的建议，使教师与学生能以评促改，同时也可作为外教续聘的重要依据。6. 严格执行管理人员督导听课制度，包括院级领导督导听课以及助教、班主任、辅导员听课，教师间互相听课，对听课中出现的问题定期汇总并及时与教师沟通，同时坚持周报制，及时收集学生对教师的教学反映。7. 坚持每天集中早自习和每周三天的集中晚自习制度，树立良好学风和培养学生勤奋好学的精神。

二、其他监测平台

中外合作办学项目除建立了一套适合自身特点的内部教学质量保障体系外，还时刻接受国内外第三方评估认证机构和社会公众等其他平台的评价和监督，贯彻"以评促改、以评促建、以评促管、评建结合，重在建设"的原则，确保教学质量稳步提升。除了需要教学管理系统、反馈评价系统、教学研究系统和教学服务系统外，还通过其他平台从侧面了解教学情况，尤其是社会公众的评价，例如家长、校友、毕业生、企事业单位等，采用调研问卷或回访等形式让社会广泛参与到教学质量的评价中来，作为对内部保障的必要补充，能全面查找问题和问诊把脉，更客观地反映项目办学水平。

第六章　更加有序：不断严谨规范的项目管理

第一节　办学管理理念

中外合作办学项目不仅引进了高水平的师资队伍、进一步推动了合作双方教学体系的对接与融合，同时在多年的办学实践过程中，通过不断学习与吸收，进一步引进了国外办学先进的管理理念，在一定程度上推动了我国高校办学管理理念的发展和创新，为培养国际化人才提供了重要制度保障。

中外合作办学项目主要从以下几个方面引进了国外办学管理理念。

一、注重培养自主性、复合型国际化人才

中外合作办学项目在办学理念上，与国内普通专业最大的区别就是注重培养自主性、复合型的国际化人才。在办学管理和实践上，通过国际师资队伍的引进、开设全英文课程及改进教学方式方法，为国家各行业建设输送了一批复合型国际化人才。

（一）培养学生的自主性

由于课程体系、授课方式方法、师资环境等各方面的不同，中外合作办学项目培养的学生在课程选择、知识学习等方面有更多的自主选择机会，从而培养了较强的自主性。

> **案例：H 大学与澳大利亚 T 大学合作举办的海洋科学专业本科教育项目**
>
> 该项目遵循"通识教育为体，专业教育为用"的本科教育理念，实行"有限条件的自主选课制"和"学业识别与毕业专业识别确认制"为核心的本科教学运行管理体系。施

行弹性学制、主辅修制、按学分计收学费等,形成了教师指导下的以学生自主选择课程、自主安排学业进程、自主选择专业、自主建构知识体系为显著特征的教学管理模式。双方联合制定人才培养方案和教学计划,在整个人才培养过程中,注重培养学生的自主性,围绕国家海洋环境安全保障、海洋防灾减灾的需求,解决在海洋预报、观测、灾害评估等方面的问题,引领相关海洋事业的发展,培养国家海洋事业所需的具有创新性、复合型、有担当和跨文化交流能力的人才。

(二) 培养学生的国际竞争力

国际化人才参与国际事务,除了拥有与国际接轨的专业素养以外,熟练掌握相关外语、参与国际事务合作与竞争是所有项目人才培养的综合能力要求。所有的本科及以上中外合作项目重视全方位培养学生的外语能力。学生的入学成绩、日常教学、外方课程在外语方面都有明确的要求。[①] 此外,一些本科及以上中外合作项目的教学计划都提供赴外方本土学习的机会,培养了学生较强的跨文化沟通能力。

案例: B 大学与新加坡 G 大学合作举办
西方经济学专业硕士研究生教育项目

该项目在师资投入及课程设置等方面,都注重培养复合型国际化人才。

师资投入方面,中外双方院校皆投入最优秀的老师参与该项目。参与该项目的新加坡 G 大学的老师接受了系统的金融学教育并对东南亚市场有着充分的了解和认识,其中大多数具备多年的金融行业世界工作经验。参与该项目的 B 大学商学院老师都毕业于世界著名高校,接受系统前沿的经济学教育,既有了解中国市场经济规律的中国教师,又有了解欧美市场的外籍教师。双方师资的结合,最大程度赋予了学生广阔的国际视野、多维的思维方式,培养目前世界上紧缺的复合型国际型人才。

项目课程均采用英文进行,包括学生毕业论文、论文答辩、日常学生社团活动皆使用英文,充分提高学生语言能力,并有 59% 的教师为外籍教师,同时也促进学生与来自不同文化环境的留学生、教师之间的充分交流,拓展学生多元化的思维方式。项目最大程度培养复合型、全面型人才,强调应用型和国际化结合,以符合经济、管理、金融专业的特点,培养具有国际化操作能力的现代化管理人才。

---

① 汪建华. 中外合作办学发展路径研究[M]. 上海,华东师范大学出版社,2019.

通过吸收国外的优秀课程体系、国际师资、教学方法和管理经验等，中外合作项目的国际化人才培养更注重培养学生的自主性，打造复合型的国际化人才，项目培养出来的学生国际化的特点更突出，更符合《教育规划纲要》关于国际化人才的定义：具有国际视野、通晓国际规则、能够参与国际事务和国际竞争。

在全球化时代背景下，要建设世界一流大学和一流学科，一定要培养国际化的人才、培养具有全球竞争力的人才，其他专业和项目在培养学生的国际化方面可向中外合作办学项目学习。

二、注重实践，培养学生创新创业能力

注重培养学生的实践能力、创新能力也是国外高等教育区别于我国传统高等教育的一大特点。近年来，中外合作办学项目在中外双方合作过程中，注重引进国外教育理念，在教学模式、教学方法、课程设置、参加社会实践等方面通过多种形式培养学生的实践能力和创新能力。

案例：H 大学与澳大利亚 X 大学合作举办 电气工程及其自动化专业本科教育项目

该项目的培养目标是秉承"厚基础、强实践、严过程、求创新"的人才培养理念，培养具备电气工程领域相关基础理论和专业技术，能在电气工程领域从事科学研究、开发、设计、试验、教学和管理等工作，具有创新意识、实践能力和一定国际视野的工程技术人才。将强实践、求创新写入人才培养目标，并在培养过程中予以重视，在项目教学中采取问题式教学法、互动式教学法，注意培养学生的学习兴趣，妥善处理教学中的重点和难点，强调教学方法的个性化，探索研究型教学方式，提高学生的学习能力。在教学过程中建立一种基于研究探索的学习模式，使学生在学习过程中获得一个发现世界、探索世界的宽松环境，提供研究问题的时间和空间，激发创新热情，提高学生的学习能力。

案例：B 大学与香港 G 大学合作举办工商管理硕士学位教育项目

该项目在两学年中，香港 G 大学每年为本项目学生特别开设一门本部选修课，

让学生深入感受香港 G 大学的学习氛围。项目会组织赴香港 G 大学为期 1 周的 Workshop(游学模块),其中安排香港 G 大学资深教授或商界专职人士对香港的经济社会环境进行介绍,并安排学生对香港的相关知名企业与机构(如廉政公署、香港赛马会、香港证交所等等)进行参观访问与社会实践。

本项目是首批获得国务院学位办批准的内地高校与港澳台地区高校合作的 MBA 学位教育项目,2001 年在国务院学位办组织的"授予境外学位的合作办学项目评估"中成绩全优,获得一致好评。

中外合作办学项目可以凭借项目优势,结合我国高等教育现状,进一步引进国外高校创新人才培养优质资源,形成具有中国特色和国际视野的创新人才培养模式。

三、加强专业认证,坚持专业的国际评价标准

国际认证对高等教育起步较晚的我国而言有着重要的意义,获得国际相关专业和领域认证对我国建设世界一流大学、世界一流学科有着重要的促进作用,中外合作办学项目在长期的实践过程中,通过引进国外高校先进的教育理念和资源、教育方式等,也提高了国际认证的意识,推动了我国高校相关专业和领域的国际认证进程,引进国外先进的认证和评估体系,进一步将国内专业与国际接轨。这对于国内大部分专业来说有着明显的优势。

案例:R 大学与香港 L 大学合作开办的管理学博士学位项目

香港 L 大学工商管理学院在 2007 年已获得国际上最具权威的欧洲质量改善体系(Eouis)的认证,2010 年获得国际商学院联合会(AACSB)认证。相应的,香港 L 大学工商管理学院的国际认证也在一定程度上推动了 R 大学商学院的认证,R 大学商学院也分别于 2010 年和 2013 年获以上两项国际认证,项目的合作推动两校的教学与项目质量管理达到国际水平。

案例:S 大学与加拿大 W 大学合作举办临床医学专业本科教育项目

该项目是上海唯一一家获教育部批准的临床医学本科专业(英语)中外合作办学项目,通过建立"联合医学院",彻底改革原有的本科医学教学体系,将新颖的北美教学和

学习方法引入中国,尤为重要的是引入了对于中国而言全新的最高认证标准和流程的北美医学教育论证体系,使得该项目从成立至今一直备受海内外关注。2016年该项目获得S大学教学成果一等奖。

第二节　管理体制创新

中外合作办学项目管理应严格遵守《中华人民共和国中外合作办学条例》(以下简称"《条例》")与《中华人民共和国中外合作办学条例实施办法》(以下简称"《实施办法》")中对办学组织与活动的规定。《条例》与《实施办法》中对中外合作办学项目机构的组织与管理提出了明确要求,在治理机构方面,要求中外合作办学机构应成立理事会、董事会或者联合管理委员会,并对人员构成、职权行使、沟通机制等有具体要求。针对中外合作办学项目的管理,上述政策对成立项目管理机构无明确形式要求,然而随着中外合作办学项目的发展与管理规范化的要求,我国实施中外合作办学项目的高等院校大多根据项目管理模式特点和项目发展需求成立了学校层面的联合管理委员会,以及项目实施层面的管理机构,并出台配套管理制度,保障项目规范化管理与可持续发展。

一、项目管理机构设置

从办学实践来看,中外合作办学不仅涉及与国外高校的各类协商洽谈、日常沟通,还涉及学校内部各种繁杂事项的组织落实、协调处理,以及与上级主管部门的密切联系。为确保中外合作办学项目良性运行和可持续发展,在高校内部应建立完善的管理构架,保障中外合作办学工作的组织实施。根据对中外合作项目办学情况的调查,我国高等院校的中外合作办学项目的管理机构一般为项目联合管理委员会、项目管理领导小组等。高校的外事、教学、学工、招生、财务等职能部门负责对中外合作办学项目申报、实施与管理进行政策指导与管理监督。在项目执行层面的院系,由于项目管理模式不同,具体管理机构形式多样。

(一) 项目联合管理委员会(以下简称"管委会")

根据《实施办法》第四十条规定,中外合作办学项目是中国教育机构教育教学活动的组成部分,应当接受中国教育机构的管理。据此,我国中外合作办学项目均纳入高校的统一管理之中,不独立设立机构,但为了方便工作,针对中外合作办学项目的特殊性,各学校一般都采取联合管理委员会的形式对项目进行管理。①

《条例》第二十一条规定:具有法人资格的中外合作办学机构应当设立理事会或者董事会,不具有法人资格的中外合作办学机构应当设立联合管理委员会。理事会、董事会或者联合管理委员会的中方组成人员不得少于二分之一。② 目前,我国多数中外合作办学项目参照机构的管理方式成立项目联合管理委员会。管委会为中外合作办学项目管理的决策机构,一般由双方院校的校长或分管校长,外事、教学或研究生院、招生、财务以及项目具体实施的院系负责人构成。管委会行使下列职权:改选或补选联合管理委员会组成人员;聘任、解聘主要行政负责人;制定规章制度;制定发展规划,批准年度工作计划;筹集办学经费,审核预算、决算;决定教职工的编制定额和工资标准。

(二) 学校相关职能部门

外事部门:一般为中外合作办学的归口管理部门,负责中外合作办学项目的申报工作,并提供相关事宜的咨询、建议、审核和申报服务。对中外合作办学机构和项目的招生简章和广告进行审核并报地方教育主管单位或国家教育部备案;对校内中外合作办学机构和项目的外国籍教师和管理人员的聘任进行审核;组织中外合作办学评估工作,完成校内各中外合作办学机构和项目的办学报告,并提交上级审批机关;跟踪了解和评估中外合作办学机构和项目在国外的教学活动。

学生工作处:审核全校中外合作办学机构和项目的本科生招生计划,指导招生工作以及本科生入学后的相关管理工作。

研究生院:为中外合作办学的业务管理部门。审核全校中外合作办学机构和项目的研究生招生计划和专业设置,指导招生工作以及研究生入学后的相关管理工作,对符合学校毕业条件的研究生颁发毕业证书和学位证书。

教务处:为中外合作办学的业务管理部门。审核全校中外合作办学机构和项目的本科生学籍和专业设置、对符合学校毕业条件的本科生颁发毕业证书和学位证书。

财务处:负责全校中外合作办学项目的财务管理工作。学校设立中外合作办学项目专项,统一办理财务收支业务。

人事处:对校内中外合作办学机构和项目的中国籍教师和管理人员的聘任进行

---

① 《中华人民共和国中外合作办学条例实施办法》(中华人民共和国教育部令第 20 号),来源于教育部网站:http://www.crs.jsj.edu.cn/index.php/default/news/index/6.

② 《中华人民共和国中外合作办学条例》(2003 年 3 月 1 日),来源于教育部网站:http://www.crs.jsj.edu.cn/index.php/default/news/index/2.

审核。

审计处：负责审计校内中外合作办学机构和项目的年度财务会计报告。

（三）项目层面的组织模式

项目实施上学院的具体职责包括负责筹办和实施中外合作办学项目，开展中外合作办学项目的招生宣传和录取工作，组织教育教学活动，向外事主管部门提交年度办学报告，以及对学生参加国外教育教学活动进行指导等。

目前，我国中外合作办学项目实施层面的管理机构具有代表性的管理模式主要有三种。

1. 集中式项目组织。该模式一般在中方合作院校内设置中外合作二级学院，对项目进行相对封闭管理。项目学院一般称为"国际教育学院"、"国际学院"、"中 X 联合学院"等。此模式为高校的中外合作办学项目集中在二级院系进行管理。学院负责项目的招生、学生日常管理、教学组织、学生派出等工作。为实现教学、学生工作的统一管理，部分学院设有一定数量的专职教师。此模式下的二级院系与其他专业院系合作较为松散，主要在教学方面寻求师资支持。在一些高校，合作办学机构与学校外事部门合署办公，也有部分院校采用分工管理模式，中外合作办学实施院系负责联合办学相关事宜，外事部门负责中外合作办学项目拓展、外籍教师管理等事宜。

2. 专业学院式组织。该模式将中外合作办学项目按照专业归属中方院校原有的二级专业院系进行管理，充分利用专业院系的资源，引进国外先进的办学理念与教学资源，共同制订培养方案。在这种管理模式下，中方院校可以不设立专门机构，充分发挥专业学院的师资和教学优势。专业学院内的原有管理机构承担项目管理工作，可指派专人、成立项目管理小组或办公室负责相关工作。

3. "双校园"组织。《实施办法》第三十四条规定，中国教育机构可以采取与相应层次和类别的外国教育机构共同制定教育教学计划，颁发中国学历、学位证书或者外国学历、学位证书，通过在中国境外实施部分教育教学活动的方式，举办中外合作办学项目。"双校园"模式将中外合作办学项目分解成两个阶段，第一阶段为境内教育阶段，一般为基础教育和通识教育阶段；第二阶段为专业教育阶段，项目部分学生出国学习，不出国学习的学生进入中方合作高校的专业院系学习。中外合作本科学历项目较为常见的有"2＋2"、"3＋1"模式。

此管理模式的境内教育阶段也可归为项目集中管理模式和专业学院管理模式来分析。因此，本章节不单独对"双校园"模式进行特点、经验与案例分析。

二、项目管理的制度建设

(一) 政府：中外合作办学法律法规

中外合作办学是我国改革开放后在教育领域出现的新事物，发展至今无论在规模上还是办学质量上都取得了长足的发展，国家先后制定了一系列的政策法规，如《条例》《实施办法》《教育部关于进一步规范中外合作办学秩序的通知》等，以此来规范和促进中外合作办学的健康发展。各级地方政府也出台相应的文件，如《上海市中外合作办学机构和项目申请须知》等。为避免中外合作办学成为举办者的个人利益机构，国家法律法规规定，举办中外合作办学机构或项目都应当建立规范的内部管理体制。

(二) 学校：中外合作办学管理办法

中外合作办学管理办法是中方合作院校为规范办学，保障办学质量而制订的管理制度。管理办法条款中一般对涉及中外合作办学的部门、学院的管理职责，中外合作办学机构或项目的申报要求，办学审批、管理、评估、年检和终止等进行规范要求。

(三) 项目：内控管理制度

为保障中外合作办学项目健康有序发展，中方合作院校加强了内部控制体系建设，在招生、教学、外事、人事、学生管理、质量保障等方面建立了内控制度。

我国中外合作办学项目在实施层面的管理制度建设包括制定招生管理制度，明确中外合作办学项目计划内招生和自主招生工作以及招生宣传等方面的具体要求；制定教学管理制度，规范教学计划、教学大纲及教材、教学方式、教学文件及归档、教学质量监控；制定外事管理制度，针对项目聘请的外籍教师管理、项目涉及的国际交流等方面进行规范管理；制定财务管理制度，依法将办学收支纳入学校财务统一管理，并在学校财务设立专门账户进行管理；制定学生管理制度，规范学生的学籍管理，日常管理。此外，管理制度建设还包括民主决策制度、财务制度、人才队伍建设体制机制建设、质量保障体系建设等。

三、项目管理的运行特点

(一) 校院两级管理

我国高校中外合作办学项目在管理机制上基本存在校院两级管理的运行特点。学校进行宏观控制和政策指导,相关院(系、所)负责项目的具体实施和管理。项目的管理由中外双方组成的项目管理委员会严格按照《条例》和《实施办法》的有关规定执行,双方各自履行协议中规定的各项权利和义务。

(二) 项目管理的运行特点

1. 项目集中管理。此模式下的二级学院具有中外合作属性,独立性较其他专业学院更强,具有更大的办学自主权,可以自主招生,教学计划由中外方共同制订,教师和管理人员由中外合作院校委派,在一定额度内有权支配自己的办学经费。此模式下的二级院系与其他专业院系合作较为松散,主要在教学方面寻求师资支持。由于项目管理相对封闭,管理效率高,管理制度更加规范,国际化氛围浓郁,具有明显的国际化办学特色。统一的外语教学和基础课程有利于集体教学的开展。中外合作办学项目下的学生集中管理,学习目标较为统一,有利于把握学生的动态。

案例:D大学与LQM大学中外合作办学项目

D大学国际学院是D大学实施中外合作办学项目的教学学院。国际学院设立"D大学与LQM学院合作举办电信工程及管理专业本科项目"、"D大学与LQM学院合作举办电子商务及法律专业本科项目"、"D大学与LQM学院合作举办物联网工程专业本科项目"。

国际学院中英联合培养项目根据双方商定,采用国际化管理模式,设立并实施由管理委员会、学术委员会、考试委员会、师生联席会、教师座谈会、课程委员会、教学督导专家组等构成的质量监控体系,这些共同构成项目的质量管理构架,从而建立了立体化、全方位的品质保证机制。2016年10月,两校联合培养项目管理委员会正式增设两名主管科研的成员,进一步深化两校科研合作,实现合作办学从教育到科研的全面发展。

作为D大学为中外合作办学设立的学院,国际学院显示了集中示范的效应。管理机构的成立为项目发展提供了良好的国际合作平台。集中式的项目管理使学院发展了国际化特色,办学自主权的享有激发了学院的办学活力。该校项目的集中式管理模式为采用此模式的高校提供了示范,此模式较适合于尚未有中外合作办学经验的高校,有利于集中力量,充分利用学校资源开展办学。

2. 专业学院管理。此模式下项目归属专业学院管理,可充分发挥专业学院的专业优势,保持师资队伍的稳定以及专业方面的学术对接。在专业课程教学上,有利于院系的课程建设,保障教育教学质量。院系对教师的直接管理也有利于教学过程中问题的及时反馈,及时交流调整,有利于中外教师们的直接交流,有利于带动师资队伍,更有利于切实引进国外优质资源,提高教学、科研与管理水平。从与外方交流的角度,项目归口专业学院才能真正形成专业归口的统一管理,充分调动积极性,系统地考虑科研合作的投入,促进专业教师与外方的直接交流以提高我方的科研水平。

案例:K 大学与 KTH 学院硕士教育合作办学项目

K 大学与 KTH 学院合作办项目是由两校强强联手举办的集成电路工程双学位硕士教育项目,该项目在研究生招生方面由 K 大学微电子与固体电子学院实施,招生专业为集成电路工程(中外合作办学)。项目中方实施单位为微电子与固体电子学院(国家示范性微电子学院),学院在师资队伍和实验平台方面实力雄厚。项目外方实施单位为 KTH 微信息与通信技术学院(ICT School),研究设备先进,技术领先。

学院以开展中外合作办学项目的方式积极引进国外优质教育资源,提升学科实力,提高人才培养质量。专业学院的项目管理模式使学院的专业师资能充分支持项目的教学。中外合作开发课程体系的合作方式,使得学院的教学模式与国际接轨,且提高了教师队伍的国际化水平。学院在项目管理上与职能部门建立了有效合作和对接,对项目进行了规范化、制度化的管理,有效提升了学院治理的国际化水平。此模式为高校以专业学院为平台开展中外合作办学项目提供了示范,适合于学科实力强,积极主动发展国际化的高校专业学院。

第三节　教学质量评价

质量评价体系是教育资源的重要组成部分,也是中外合作办学项目质量的重要保障。探索多种方式利用国外优质教育资源,是《教育规划纲要》提出的工作要求。《教育部关于进一步加强高等学校中外合作办学质量保障工作的意见》(教外办学〔2013〕91 号)提出,通过健全质量评估制度和建立质量认证机制来完善质量评价体系。中外合作办学的实践表明,中外合作办学评估和认证对规范办学、提升合作办学质量提供了双重质量保障。

一、中外合作办学评估

中外合作办学评估是对依法批准设立和举办的实施本科以上高等学历教育的中外合作办学机构和项目,以及实施境外学士学位以上教育的中外合作办学机构和项目的合格性评估①,由政府部门主导并组织的、采取同一质量标准的教育质量评价手段,强化过程监控,诊断办学质量,反馈办学成果。《教育部办公厅关于开展中外合作办学评估工作的通知》(教外厅〔2009〕1号)发出了组织开展中外合作办学评估的信号,制定了中外合作办学评估方案和指标体系,从培养目标与培养方案、项目管理、培养条件、师资队伍、教学组织、培养质量、社会效益、办学特色8项一级指标和22项二级指标开展评估并率先在天津、辽宁、江苏、河南四省市开展试点。目前国内的中外合作办学评估主要是由国际合作与交流司统一组织,教育部学位与研究生教育发展中心具体实施的,通过单位自评、网上公示及综合评议开展评估并及时向社会公布评估结果,结果分为合格、基本合格和不合格。

根据2016年中外合作办学评估自评信息公示显示,全国共有26个省市、共计127个项目参加了中外合作办学评估。在2016年度本科以上中外合作办学项目公开数据中,2013—2016年参加教育部中外合作办学评估的项目情况如下。

表6-1　2016年中外合作办学项目公开数据中评估情况

年　度	数量(个)	年　度	数量(个)
2013	21	2015	16
2014	14	2016	20

注:以上数据仅为针对本科以上中外合作办学项目公开数据进行的统计结果。

2016年,全国共有127个项目参加教育部中外合作办学评估,但在2016年中外合作办学项目公开数据中只有20个项目对评估情况作了简要描述。作为检验合作办学项目办学质量和教学评价的重要保障,中外合作办学评估既能体现项目合格的办学质量,又能展示项目特色。以SH为例,教育部国际合作与交流司下发《关于通报2016年本科及以上层次中外合作办学评估结果的通知》(教外司办学〔2016〕1826号),2016年参评3个项目,其中2个结果为合格,1个为基本合格。

《教育规划纲要》倡导推进专业评价。鼓励专门机构和社会中介机构对高等学校学科、专业、课程等水平和质量进行评估,建立科学、规范的评估制度,探索与国际高水平教育评

---

① 《教育部办公厅关于开展中外合作办学评估工作的通知》,〔EB/OL〕http://old. moe. gov. cn//publicfiles/business/htmlfiles/moe/moe_864/201001/xxgk_77977. html.

价机构合作,形成中国特色学校评价模式。目前,我国中外合作办学项目评估除了教育部的合格性评估外,主要还有中外双方评估、外方评估和第三方外审等三种主要方式。

(一) 中外双方评估

中外双方评估即中外合作办学项目参加并通过了中外双方评估机构开展的评估,办学双方各自按照中方和外方教育质量标准和要求开展了双重质量标准评估,即本土化和国际化相结合的模式。这种评估模式既能保证中外合作办学项目坚持中国国情的特色,又能按照一定的国际标准检验教育质量。2016 年度本科以上中外合作办学项目公开数据显示,共有约 12 个项目通过了双方的评估,具体分布如下(排名不分先后)。

表 6-2 2016 年中外合作办学项目公开数据中通过中外双方评估项目

序号	项目	中方评估机构名称	外方评估机构名称
1	YN 某项目 1	教育部(2013)	QAA(英国高等教育质量保证署)
2	YN 某项目 2	教育部(2013)	QAA(英国高等教育质量保证署)
3	YN 某项目 3	教育部(2013)	澳大利亚教育部大学质量评估委员会
4	YN 某项目 4	教育部(2014)	美国中部大学质量评估委员会
5	SH 某项目 1	教育部(2013)	TEQSA(澳大利亚大学高等教育质量标准署)
6	SH 某项目 2	教育部(2016)	ACQIN(德国认证、证明和质量保障协会)
7	HB 某项目	教育部(2015)	韩国教育部
8	BJ 某项目 1	教育部(2013)	QAA(英国高等教育质量保证署)
9	BJ 某项目 2	教育部(2013)	QAA(英国高等教育质量保证署)
10	BJ 某项目 3	教育部	QAA(英国高等教育质量保证署)
11	BJ 某项目 4	教育部(2013)	QAA(英国高等教育质量保证署)
12	BJ 某项目 5	教育部(2013)	QAA(英国高等教育质量保证署)

注:以上数据仅为针对本科以上中外合作办学项目公开数据进行的统计结果。

以上项目均已通过了中外双方所在国的评估机构开展的评估。其中 QAA 组织的评估占了 58.3%。评估机构所在国除英国外,还有澳大利亚、美国、韩国、德国等,项目举办单位主要集中在北京、上海等城市。

案例:YN 某项目

2004 年 11 月,该项目通过了英国高等教育质量保证署(Quality Assurance Agency for Higher Education,以下简称 QAA)的评估;2009 年 9 月,该项目通过了英国 GLWZ 大学海外教育质量评估委员会的评估,等级为优秀;2012 年 11 月,该项目第二次通过了 QAA 评估;2014 年 12 月,该项目再次通过了英国 GLWZ 大学海外教育质量评估委员会的评估。QAA 于 1997 年成立,是英国评估高等教育质量的权威机构,是独立的非政府组织,通过学术资格框架、学科基准、专业规格、实施规则等在全国每6年开展一次评估,评估过程十分重视学生的意见。该项目在招生机制、管理制度及论文质量等方面的特色鲜明、成效显著。2013年,该项目参加了教育部国际司和学位与研究生教育发展中心组织的评估,结果为合格。

案例: SH 某项目

该项目于2011年9月通过了澳大利亚大学高等教育质量标准署(Tertiary Education Quality and Standards Agency,以下简称TEQSA)的评估。该署对合作项目的质量表示满意。TEQSA是澳大利亚政府于2011年成立的高等教育监管部门,负责高等教育注册,高等教育课程认证、质量保障等相关工作。TEQSA评估主要依据[①]为《澳大利亚高等教育提供者准入标准》,而其质量保证主要参照澳大利亚学历资格框架(AQF)。

2013年,该项目在教育部2013年中外合作办学合格评估中被评为合格。2016年11月30日通过了上海市教育评估协会的中外合作办学的初次认证,有效期至2020年。

(二) 外方评估

外方评估即中外合作办学项目参加并通过了外方评估机构组织的评估并按照外方标准和要求开展评估,与国外院校采取同一标准,保证教育资源等统一性。

表6-3 2016年中外合作办学项目公开数据中通过外方评估项目

序号	项目	外方评估机构名称
1	SC 某项目	QAA(英国高等教育质量保障署)
2	DL 某项目1	QAA(英国高等教育质量保障署)
3	DL 某项目2	QAA(英国高等教育质量保障署)
4	BJ 某项目	NEASC(美国新英格兰院校协会)
5	NJ 某项目	QAA(英国高等教育质量保障署)
6	BJ 某项目	TEQSA(澳大利亚大学高等教育质量标准署)
7	HB 某项目	QAA(英国高等教育质量保障署)
8	ZJ 某项目	法国研究与高等教育评估机构

注:以上数据仅为针对本科以上中外合作办学项目公开数据进行的统计结果。

---

① 王雪梅.澳大利亚TEQSA的评估标准、监管机制与启示[J].当代教育科学,2015(17):45.

以上项目均已通过了合作方所在国的评估机构开展的评估。其中 QAA 组织的评估占了 62.5%。评估机构所在国除英国外,还有美国、澳大利亚和法国等。此外,这些项目符合教育部评估的评估周期(中外合作办学审批的办学年限及培养周期)等评估要求后,也会参加该项评估,一旦通过即成为中外双评估项目单位。

案例: BJ 某项目

BJ 某项目三次接受并通过 QAA 评估,第一次是 2006 年 QAA 针对 10 家中外合作办学机构和项目进行评估。2011 年 5 月起,QAA 对合作办学机构和项目开展了新一轮评估,包括西交利物浦、宁波诺丁汉等 10 家通过了此次评估。

(三) 第三方外审

第三方外审即独立于中外合作双方所在国权威或主流教育评估机构的第三方对办学质量开展评估,客观公正地评估办学质量,一般以行业评估为主。如 DL 某项目以及 SH 某项目等均采取第三方外审的评估方式。

DL 某项目根据《"海上安全与环境管理硕士项目"教学质量保障制度》规定,通过学生评教、课堂教学评估、教学准备评估、外审、教学检查等教学评估工作获得教学相关工作清晰的评估结果,与相关人员沟通,反馈评估结果,提出整改意见,从而保证教学质量。2016年,该项目通过了第三方外审,保证了对学习过程及学生学业情况做出客观公正的评价,从而很好地促进了教学大纲和教学规章制度的执行,也对合作项目的办学质量和水平起到了有益的监督作用。SH 某项目则按期接受挪威船级社(DNV)和国家海事局的审核。

二、中外合作办学认证

认证的主要特征是非政府组织的、自愿参加的非统一标准的、持续不断改进的质量活动。[1] 认证是另一种教育质量评价手段,是跨国高等教育质量保障的重要方式,主要有专业认证、课程认证和机构认证等几种方式。目前,全国 10 余家中外合作办学机构或项目自愿申请参加认证。[2]

---

[1] 江彦桥. 基于第三方评估的上海中外合作办学认证十年实践探析[J]. 中国高教研究,2017(4):82—86.
[2] 林金辉. 中外合作办学规模、质量、效益研究.[C]. 厦门:厦门大学出版社,2016.10.

（一）中方通过认证

在中外合作办学过程中，得益于外方优质教育资源，部分中外合作办学项目尝试并通过了国内外认证机构开展的认证。2016 年共有 10 余家项目的中方合作院校获得了认证资质。

表 6-4　2016 年中方合作院校获得认证的中外合作办学项目

序号	项目名称	认证机构名称	认证机构所在地
1	ZJ 某项	ASIIN（德国工程、信息科学、自然科学和数学认证机构）	德国
2	BJ 某项目	ACCSB（美国高等商学院协会），EQUIS（欧洲质量发展认证体系）	美国、欧洲（比利时）
3	BJ 某项目	ACCSB（美国高等商学院协会），EQUIS（欧洲质量发展认证体系）	美国、欧洲（比利时）
4	SH 某项目	ASIIN（德国工程、信息科学、自然科学和数学认证机构）	德国
5	SH 某项目	ABET（美国工程与技术认证委员会）	美国
6	BJ 某项目	ABA（美国律师协会）	美国
7	NJ 某项目	RSC（皇家化学协会）	英国
8	SH 某项目	ACQUIN（德国认证、证明和质量保证学会）	德国
9	SH 项目	ACQUIN（德国认证、证明和质量保证学会）	德国
10	BJ 某项目	EFMD（欧洲管理发展协会）	比利时
11	SD 某项目	CEEAA（中国工程教育专业认证协会）	中国

注：以上数据统计针对提交的项目自评报告进行的统计结果。

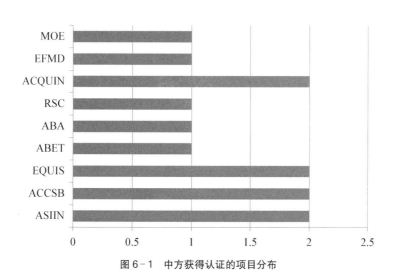

图 6-1　中方获得认证的项目分布

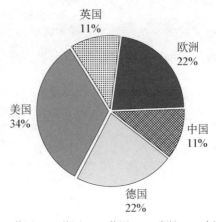

图6-2　中方获得认证的国家分布

案例：SH 某项目

　　该项目的负责大学 2011 年着手认证准备，2013 年递交申请，2014 年获得认证。该校化工学院在深入理解认证体系的基础上，从梳理和改进课程教学、改造基本教育设施、加强实验室安全教育等多个方面，为迎接认证做了细致而周密的准备，2014 年 8 月，化学工程与工艺专业通过美国工程与技术认证委员会（ABET）的认证，并获得 9 年的最长有效期，成为我国大陆首个通过 ABET 国际工程教育认证的专业，这段时期内在这一专业就读学生的所有专业学分，都将被 ABET 认证序列中的高校认可，毕业生也将被认为达到了国际化学工程人才的培养标准，可以培养具有国际竞争力的化工工程师。

　　ABET 认证是国际上公认的最具权威性和普遍性的认证体系，也是华盛顿协议（Washington Accord）的 6 个发起工程组织之一。ABET 认证体系聚焦于每个毕业生在校时是否都受到了良好的教育这一主题，包括"学生"、"项目教学目标"、"学生能力"、"课程"、"持续改进"、"教职员工"等 6 个模块。与国内认证最大的区别是，该项认证非常强调以人为本和以学生为中心，认证主要是考查所有和学生培养有关的软硬件是否都能保证这个目标的实现。

案例：SH 某项目

该项目引进了优质教学评价体系和学籍管理，实行了中德双方双重的教师授课质量保证体系，更全面地保证了教学质量。从 2004 年以来，两次通过德国理工学科专业认证机构 ASIIN 评估认证。该项目两次通过德国理工学科专业认证机构 ASIIN 认证，在亚洲地区尚属首例。2004 年 12 月通过认证，该专业的合格学生是第一届在中国可获得德国工学学士学位的毕业生。2010 年通过 ASIIN 机构的复评估，又具备 8 年的德国学位的颁发资质。2012 年，该项目被评为"SH 市中外合作办学示范性项目"。2014 年，项目还通过了教育部组织的中外合作办学评估，获学校教学成果奖。

（二）外方通过认证

2016 年共有 25 个项目的外方合作院校获得了相关认证，具体如下：

表 6-5 2016 年外方合作院校获得认证的中外合作办学项目

序号	项目名称	认证机构名称	认证机构所在地
1	FJ 某项目	加拿大工程认证委员会	加拿大
2	BJ 某项目	ACBSP（美国商学院联盟）	美国
3	SC 某项目	ACCSB（美国高等商学院协会）	美国
4	BJ 某项目	IET（英国工程技术学会）	英国
5	BJ 某项目	IET（英国工程技术学会）	英国
6	BJ 某项目	IET（英国工程技术学会）	英国
7	BJ 某项目	ACCSB（美国高等商学院协会）	美国
8	BJ 某项目	ACCSB（美国高等商学院协会）	美国
9	BJ 某项目	ACCSB（美国高等商学院协会） EUQIS（欧洲质量发展认证体系） AMBA（英国工商管理硕士协会）	美国 欧洲（比利时） 英国
10	AH 某项目	ABET（美国工程与技术认证委员会）	美国
11	BJ 某项目	ACCSB（美国高等商学院协会） EUQIS（欧洲质量发展认证体系） AMBA（英国工商管理硕士协会）	美国 欧洲（比利时） 英国
12	BJ 某项目	AACSB（美国高等商学院协会）	美国
13	SH 某项目	AACSB（美国高等商学院协会）	美国
14	JS 某项目	ACCSB（美国高等商学院协会） EUQIS（欧洲质量发展认证体系） AMBA（英国工商管理硕士协会）	美国 欧洲（比利时） 英国
15	HB 某项目	QQI（爱尔兰质量与资格署）	爱尔兰

序号	项目名称	认证机构名称	认证机构所在地
16	HB 某项目	QQI(爱尔兰质量与资格署)	爱尔兰
17	HB 某项目	AACSB(美国高等商学院协会)	美国
18	NJ 某项目	AACSB(美国高等商学院协会)	美国
19	NJ 某项目	AACSB(美国高等商学院协会)	美国
20	BJ 某项目	ABET(美国工程与技术认证委员会)	美国
21	CQ 某项目	ACCSB(美国高等商学院协会) EUQIS(欧洲质量发展认证体系) AMBA(英国工商管理硕士协会)	美国 欧洲(比利时) 英国
22	LZ 某项目	AACSB(美国高等商学院协会)	美国
23	SX 某项目	EUQIS(欧洲质量发展认证体系) AMBA(英国工商管理硕士协会)	欧洲(比利时) 英国
24	WH 某项目	EA 工程师协会	澳大利亚
25	WH 某项目	ABET(美国工程与技术认证委员会)	美国

注：以上数据统计针对提交的项目自评报告进行的统计结果。

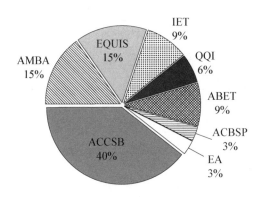

图 6-3　外方获得认证项目占比

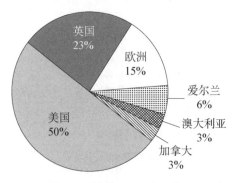

图 6-4　外方获得认证所在国占比

(三) 中外双方均获得认证

　　2016 年共有 12 个项目的合作双方院校均获得了相关认证,得益于双方深度合作和资源共享,为提高合作办学质量提供了双重质量保障,具体信息如下:

表6-6　2016 年双方合作院校均获得认证的中外合作办学项目

序号	项目名称	中方认证机构名称	外方认证机构名称
1	SH 某项目	ACCSB(美国高等商学院协会) EUQIS(欧洲质量发展认证体系) AMBA(英国工商管理硕士协会)	ACCSB(美国高等商学院协会) EUQIS(欧洲质量发展认证体系) AMBA(英国工商管理硕士协会)
2	ZS 某项目	ACCSB(美国高等商学院协会) EUQIS(欧洲质量发展认证体系) AMBA(英国工商管理硕士协会)	ACCSB(美国高等商学院协会) EUQIS(欧洲质量发展认证体系) AMBA(英国工商管理硕士协会)
3	BJ 某项目	ACCSB(美国高等商学院协会) EUQIS(欧洲质量发展认证体系)	ACCSB(美国高等商学院协会) EUQIS(欧洲质量发展认证体系)
4	SC 某项目	EQUIS(欧洲质量发展认证体系)	ACCSB(美国高等商学院协会) EUQIS(欧洲质量发展认证体系) AMBA(英国工商管理硕士协会)
5	SH 某项目	ACCSB(美国高等商学院协会) EUQIS(欧洲质量发展认证体系) AMBA(英国工商管理硕士协会)	AACSB(美国高等商学院协会)
6	SH 某项目	ACCSB(美国高等商学院协会) EUQIS(欧洲质量发展认证体系)	ACCSB(美国高等商学院协会) EUQIS(欧洲质量发展认证体系)
7	SH 某项目	ACCSB(美国高等商学院协会) EUQIS(欧洲质量发展认证体系)	ACCSB(美国高等商学院协会) EUQIS(欧洲质量发展认证体系)

序号	项目名称	中方认证机构名称	外方认证机构名称
8	NJ 某项目	AACSB(美国高等商学院协会)	AMBA(英国工商管理硕士协会)
9	BJ 某项目	EPAS(作欧洲管理发展项目认证体系)	AACSB(美国高等商学院协会)
10	SH 某项目	ACCSB(美国高等商学院协会) EUQIS(欧洲质量发展认证体系)	ACCSB(美国高等商学院协会) EUQIS(欧洲质量发展认证体系)
11	SH 某项目	ACCSB(美国高等商学院协会) EUQIS(欧洲质量发展认证体系)	ACCSB(美国高等商学院协会) EUQIS(欧洲质量发展认证体系)
12	SC 某项目	ACBSP(美国商学院和专业协会)	AMBA(英国工商管理硕士协会)

注：以上数据统计针对提交的项目自评报告进行的统计结果。

案例：SH 某项目

　　合作双方学院都通过了 AACSB 和 EQUIS 两大国际认证，在认证过程中，合作项目都要经过双重的质量检验。AACSB(The Association to Advance Collegiate Schools of Business，美国高等商学院协会)认证最早由哈佛大学、康奈尔大学等 17 所知名大学商学院联合发起，于 1916 年成立于美国。AACSB 认证程序分为会员资格申请、预认证、初认证和保持认证资格四个步骤。认证标准包括战略管理标准、参与者标准和教学保证标准三大模块共 21 条具体标准。[①] EQUIS 认证(European Quality Improvement System)，由欧洲管理发展基金发起并运营。五年期认证是 EQUIS 认证对于商学院的最高评价，认证分为 8 个步骤，按 10 个标准开展。

案例：GD 某项目

　　由于双方学校都通过了国际三大认证：欧洲质量发展认证体系(EQUIS)、英国工商管理硕士协会(AMBA)和美国高等商学院协会(AACSB)的认证，成为获得三重认证的国际一流院校。

---

① 赵彦志，孟韬. 中外合作办学质量保障体系研究[M]. 大连：东北财经大学出版社，2015.

(四) 通过第三方机构认证

第三方认证具有相对独立性,是政府和学校之间的桥梁,上海教育评估协会正在探索认证,取得了良好效果。

上海市教育评估协会于 2004 年 4 月成立,是国内最早成立的教育评估专业组织和具有独立法人资格的专业性社会团体组织。认证程序主要包含六个环节:办学单位提交认证申请;认证办公室受理材料、资格审查并派专家初访;与办学单位共同商定认定标准并进行业务指导;办学单位提交自评报告;同行专家现场考察并形成认证报告;认定委员会审议综合认证报告确定认证通过与否并向社会公布认证结果。[①]

2014 年,SH 某大学与韩国某大学合作举办的数字媒体艺术专业本科教学项目通过了上海市教育评估协会中外合作办学认证。项目的认证过程历时近一年半,包括认证的前期准备、与评估协会专家磋商、准备认证评估报告及佐证材料、评估协会专家的现场考察与评估以及认证委员会会议表决通过等过程,认证指标覆盖了中外合作办学活动的办学宗旨和目标、组织与管理、教师、学生、课程与教学、质量保证、设施设备、财务和资产管理、公共关系和社会声誉等 9 个方面。此外,SH 某大学与瑞典某大学合作举办国际运输与物流硕士学位教育项目和 SH 某大学与澳大利亚某大学合作举办信息管理与信息系统专业本科教育项目分别于 2014 年和 2016 年通过了上海市教育评估协会中外合作办学认证,CQ 某大学与香港某大学合作举办可持续城市发展硕士学位教育项目于 2009 年通过了英国皇家特许测量师学会(RICS)认证。

当前,中外合作办学项目数量急剧攀升,提质增效为工作之重。绝大部分项目都能按照国家相关规定规范、合法办学,也是传统地按照学校内部质量保障体系和校内评估方法开展教学和建设质量评价体系。随着更多国外教育资源的引入和与国外高校的深度合作,作为合作办学的中方高校及项目所在学院应积极学习和借鉴国外先进的评估制度和方法,积极开展与国外权威评估机构的交流与合作,不断优化和完善中外合作办学评估制度,而不是和其他学院一样,只是停留在学校内部或国内的教育质量评价框架里。在认证方面,因国际认证的自愿性、申请材料复杂、语言、周期及费用等问题,很多项目组织者参与积极性不高,中方院校应主动了解、学习和探索国际认证机制,国家应通过开展中外认证机构交流会、示范性分享会、中外合作办学平台展示等多种形式,倡导高校自觉探索和建立适应不同学科的认证机制,提升中方院校对认证的正确认识,积极参加相关认证。国家及院校应采取相关激励措施,积极推动项目举办单位尝试和开展国际认证。此外,应优中选优,通过

---

① 江彦桥.基于第三方评估的上海中外合作办学认证十年实践探析[J].中国高教研究,2017(4):82—86.

开展示范性评估和认证,树立典型,引导合作办学良性发展,互为参照,为中外合作办学项目走"提质增效"之路提供强大支撑和保障。

第四节 财务管理

一、项目财务管理的面上情况

(一)中外合作办学项目财务管理相关法规和管理模式

1. 相关法规

中外合作办学项目严格按照《条例》、《实施办法》(教部令第 20 号)、《教育部关于当前中外合作办学若干问题的意见》(教外综〔2006〕5 号)①及《高等学校会计制度》等文件中关于中外合作办学财务管理和高校财务管理的各项要求进行项目的整体财务规范化管理和运作。

2. 管理模式

严格按照《实施办法》第四十二条"举办中外合作办学项目的中国教育机构应当依法对中外合作办学项目的财务进行管理,在学校财务账户上设立中外合作办学专项,统一办理收支业务"的规定,对中外合作办学项目进行专项财务管理,在学校账户上设立"中外合作办学项目"专用账号,实行统收统支的大财务管理模式,"专款专用专户",实行收支两条线的管理模式,严格执行预算和结算程序。

依据《高等学校会计制度》和各省市政府部门以及学校相关的财务管理规章制度,由学校依法对项目经费进行统一管理。严格执行学校财务部门的规定以及相关内部控制制度。学校审计部门按照要求在每个会计年度末对项目进行审计,并定期向有关部门提出审计报告。

按照《条例》规定,各单位应当在每个会计年度结束时制作财务会计报告,委托社会审计机构依法进行审计,向社会公布审计结果,并报审批机关备案。

3. 收费要求

项目收费,应该按照各省市以对中外合作办学收费项目的标准执行,报价格主管部门批准并及时向社会进行公示。其具体收费管理办法由国务院价格主管部门会同教育行政

---

① 来源于教育部教育涉外监管信息网站:http://www.crs.jsj.edu.cn/index.php/default/index/sort/11.

部门、劳动和社会保障行政部门制定。各省市地方的监管部门应对办学者的收费行为、资产和经费的性质及用途、财务制度的建立与执行情况进行及时的监督和管理。项目收入如有结余,原则上全部用于项目的继续发展、改善办学条件等。

(二) 中外合作办学项目收支模式及现状分析

1. 中外合作办学项目收入情况及学费标准制定情况

中外合作办学者设立或举办中外合作办学机构或项目应当有相应的办学投入。中外合作办学者应当认真合理地测算中外合作办学机构或项目的生均培养成本[①],根据成本补偿的原则,报请有关部门依照政府定价的原则确定收费的项目和标准。目前统一招生的中外合作办学项目的主要收入来源包括学费及国家下拨的生均经费,而自主招生的项目的主要收入来源则是学费。学费制定标准现阶段是按照国家有关部门对该项目进行严格审查后确定的。

2. 中外合作办学项目全国收费水平整体情况分析

(1) 中外合作办学开设省市区分布及相应本科学历收费标准对比

目前我国开展的中外合作办学项目的办学层次主要集中在本科,因此本节重点就本科中外合作办学项目的收费(年度)情况进行分析。

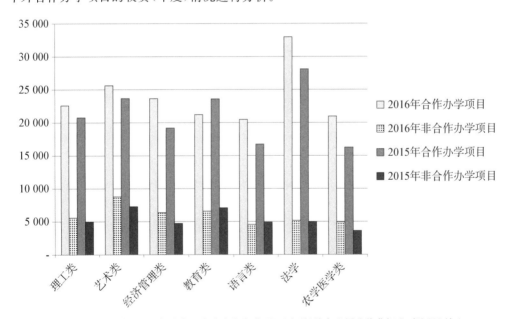

图 6 - 5　2015 与 2016 年度全国中外合作办学项目(本科)按专业划分收费标准对比(元/年)

---

① 生均成本:通过高校本年度总教育成本除以该校本年度总在校学生数后得到的本年度平均投入在每个大学生上的教育成本,是衡量高校业绩的一项重要指标,但更主要是政府部门用于研究制定相关政策措施尤其是高等教育学费等收费标准的一项参考因素。

从专业划分来看,法律类和艺术类的合作办学项目收费偏高,理工类与经管类的收费平均水平在 23 000 元左右,教育类、语言类与农学医学类的收费水平均在 20 000 元左右。从整体来看,大部分专业的合作办学项目的收费标准是同一专业非合作办学项目收费的3—4 倍。从图中 2015 年度与 2016 年度收费水平对比可以看出,2016 年度本科专业合作办学收费水平总体呈现上涨趋势,普遍高于去年同专业的 10% 左右。

表 6-7　2016 年合作办学项目与非合作办学项目同一专业收费金额对照

专业(本科)	收费标准(元/年)	
	合作办学项目	非合作办学项目
理工类	22 612	5 573
经济管理类	23 658	6 361
教育类	21 224	6 581
艺术类	25 614	8 785
语言类	20 500	4 582
法学类	33 000	5 167

注: 1. 以上数据根据教育部教育涉外监管信息网公开数据统计所得;
　　2. 以上数据统计只针对平台提供的 592 家有效信息的本科专业项目进行的统计。

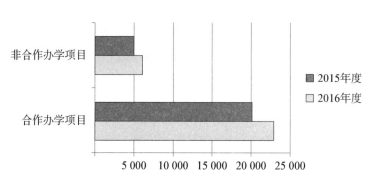

图 6-6　2015 与 2016 年度合作与非合作办学本科项目同一专业收费标准对比分析(单位:元)

通过对全国 592 家中外合作办学本科项目学费分析,如图表 6-7 所示,同一专业合作办学本科项目的收费平均标准为 22 901 元,而非合作办学项目的收费标准为 6 120 元。与去年的统计数据对比,可以看出今年合作办学项目整体收费水平比去年高出 10% 左右,而同一专业的非合作办学项目的收费也略高于去年平均水平。

根据全国本科中外合作办学项目提供的同类型合作办学与非合作办学本科专业学费的比较可以看出中外合作办学专业的学费普遍偏高。如图 6-7 所示,费用超出同类型非合作办学专业学费 3—4.5 倍的项目有近 300 个,占项目总数的 50%。

综上所述,目前中外合作办学项目学费整体收费水平偏高,从申报项目来看将近 50%

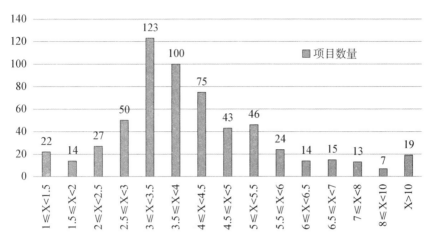

图 6-7　2016 年中外合作办学与同类型非合作办学本科专业学费倍率分布情况

（X＝中外合作办学本科专业学费/同类型非合作办学本科专业学费）

的本科合作办学项目的学费高出非合作办学项目的 3—4 倍。

（2）中外合作办学开设省市区分布及相应本科学历收费标准对比

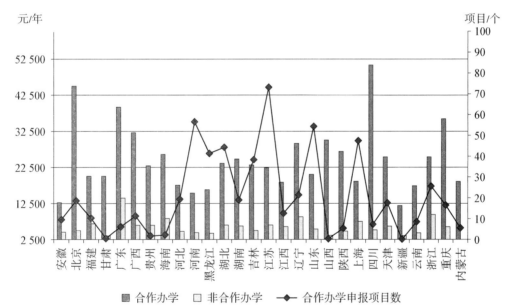

图 6-8　2016 年本科学历中外合作办学项目全国各省市学费收费情况分布

注：以上对全国 28 个省市自治区上报的本科中外合作办学项目收费情况进行统计。

从中外合作办学项目全国收费水平来看，根据对全国 28 个省市自治区本科项目合作办学收费的分析，如图 6-8 所示，全国开展中外合作办学项目的各省市中四川省、北京市、广东省和重庆市的学费收费标准较高，均超出全国平均值 1.5—2 倍，申报单位中江苏省本科项目最多,达到 74 个。

（3）中外合作办学项目整体学费情况分析

中外合作办学项目的平均学费为每年 33 807 元（包括本科、硕士、博士学位），如图 6-9 所示,学费标准在 15 000—30 000 元之间的项目有 462 个,约占整体的 65%,学费在 30 000 元以下的项目总数为 595 个,占总体的 83% 以上。可以看出绝大多数的项目基本处于平均学费水平。学费在 30 000 元以上项目约占整体的 16%,50 000 元以上的学费项目只有 8% 左右。其中学费标准高于 5 万元的项目中一半以上是硕士学位项目。

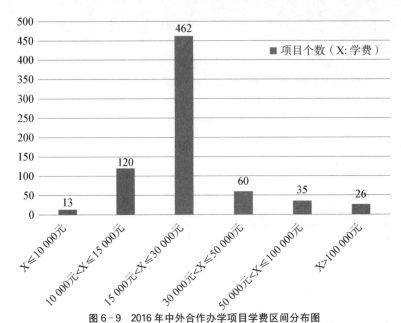

图 6-9　2016 年中外合作办学项目学费区间分布图

注：以上数据统计针对平台提供的 716 个有效样本进行的统计结果。

（三）中外合作办学项目支出和结余管理情况及模式分析

中外合作办学项目的费用支出范围主要是用于学生培养的教育教学活动和改善办学条件。综合大部分中外合作办学项目的支出项目,支出结构大致可以归结为以下几个部分：教学及人才培养、教学保障、公共支出、办公经费、宣传费用。下面以 S 大学与英国 N 大学举办 J 专业本科教育项目为例。

该项目各类经费的划拨由学校财务处统一执行。各类经费使用部门必须严格管理,专款专用发挥最大效益,财务处、审计处每年对经费使用情况进行监督检查。结余费用管理主要转入学校事业基金,用于统筹学校未来的教育教学、学科建设、人才培养等中心工作的开拓与发展方面。

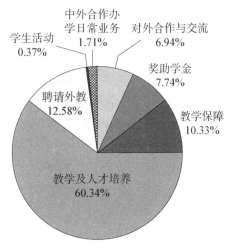

图 6 - 10 　S 大学与英国 N 大学 J 专业本科合作办学项目 2016 年度支出结构分布

(四) 中外合作办学项目全国总体经营状况分析

经过对全国中外合作办学项目的办学收支状况分析统计,结果如下。

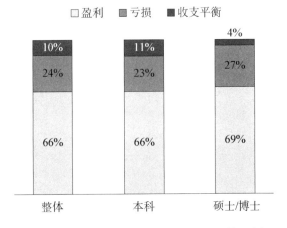

图 6 - 11 　2016 年全国中外合作办学项目盈亏情况分析

注: 1. 以上数据根据项目单位财务报告中 781 份有效统计数据进行统计结果;
　　2. 因全国中外合作办学项目中总计只有 13 个博士层次项目,6 个项目为盈利单位(约 50%),4 个项目为收支平衡,3 个项目为亏损其年度亏损金额均小于 100 万,故将此 13 个博士层次项目与硕士项目一并统计。

从上述分析图表中可以看出,根据对全国 781 家单位提交的有效财务数据分析,中外合作办学项目整体收支情况良好,盈利项目占总比的 66% 以上,亏损项目占总比 24%,收支平衡项目为 10%。绝大部分的中外合作办学项目收支情况良好、运营情况比较健康。

图 6-12、图 6-13 主要针对 2015 年度与 2016 年度 S 市中外合作办学项目盈亏情况进行了分析统计。2016 年度 S 市申报了 58 个项目,除去 4 个没有有效数据的单位,对其余 54 个项目进行了统计,与 2015 年度 S 市 74 个中外合作办学项目的办学盈亏状况分析对比可以看出,今年 S 市中外合作办学项目的整体运营状况明显好于去年,盈利项目占总比的 76%,比去年增长 2%。总体亏损项目比去年降低了 6%,亏损额在 100—200 万之间的仅有 4 个,为本科生项目。

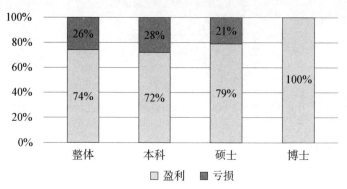

图 6-12　2015 年度中外合作办学 S 市项目整体盈亏情况

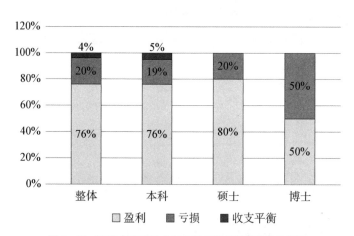

图 6-13　2016 年度中外合作办学 S 市项目整体盈亏情况

注:图 6-12 与图 6-13 为 2015 年度与 2016 年度 S 市中外合作办学项目盈亏情况分析图。

二、项目财务管理特点及问题

整体而言,中外合作办学项目财务管理实行统一管理、专款专用的财务内部管控制度。各项目普遍实行统收统支的财务管理模式,由学校统一管理,专款专用,严格执行国务院有关中外合作办学的相关条例法规和财务管理及审计要求，严格按照"收支两条线"的原则执行。

从 2016 年全国各省市自治区提交的财务报告内容来看，未注明项目是否设有独立账号的单位占大多数，虽然自评报告中提到"专款专项专用账号"，但财务报告中未有明确反映。此外各申报单位提交的财务报告格式参差不齐，建议有关部门对申报单位财务报告的格式和内容进行统一规定，如财务报告中须有年度的收支情况详细列表、收支情况图表、注明是否有独立账号、是否接受审计部门年度审计、有无相关审计报告等相关重要信息。

第七章　更远展望：不断推进可持续发展的深度思考

2016年2月中共中央办公厅、国务院办公厅印发了《关于做好新时期教育对外开放工作的若干意见》（以下简称"《意见》"），对新时期中外合作办学乃至整个教育对外开放事业作出了科学的总体设计。以《意见》的出台为标志，中外合作办学进入了新的关键发展时期。在这新的时期，机遇与挑战并行，为了中外合作办学实现更好的发展，高校和政府都积极应对，寻求新的突破和进步。

本质量研究报告在前面的六个章节中详细分析了2016年度中外合作办学项目的发展情况、项目内容、学生培养、师资建设、教学组织以及中外合作办学的管理制度，尤其是境外教育资源的引进。本章节将会对前六个章节进行系统地整理总结，综合调查数据和案例，对现在以及未来中外合作项目的发展提供一些有用的参考，形成可复制可推广的办学经验，更好地促进我国中外合作办学项目的改革发展。

第一节　中外合作办学项目所取得的成就

一、规范流程，行政监管更高效

2016年教育部从行政执行层面加强了我国中外合作办学管理的规范性。具体体现在以下几个方面。

第一，优化信息管理平台，提高行政管理效率。自2015年完成了中外合作办学信息管理系统开发，目前中外合作办学的网上申报系统、备案系统、网上评议系统、评估系统、年度报告系统、注册认证系统，从入口到办学过程到出口，基本实现了审批和管理的信息化流程。通过办学监管信息公示，实施对中外合作办学的动态监管，并根据需要，向社会和就学者提供较全面和可靠的就学指导和服务信息，进一步提高了政府的工作效率和为人民群众服务的水平。

第二,强调质量引领,年报工作常态化。自教育部于 2013 年底发布了《关于进一步加强高等学校中外合作办学质量保障工作的意见》(教外司办学〔2013〕91 号)以来,中外合作办学的评估工作进入常态化。《意见》明确提出了要"建立全国中外合作办学年度报告发布制度,以加强自我评估与信息公开,建立健全中外合作办学监督管理和社会评价体系"。年度报告是国家进行中外合作办学项目质量督查的重要手段。

第三,重抓顶层设计,合作办学法规新进展。经过十多年的探索,中外合作办学已进入以"提质增效、服务大局、增强能力"为主要目标和特征的关键发展阶段。为提升中外合作办学质量,增强中外合作办学的服务和管理能力,更好地服务于经济社会发展大局,面对中外合作办学实践中出现的大量新情况、新问题,2016 年 12 月教育部国际司启动了《实施办法》修订工作的必要性论证,以适应形势的发展,保障中外合作办学的质量与方向。

二、均衡发展,新批项目更优质

2016 年,我国除青海、宁夏和西藏外的 28 个省市自治区均有高等教育机构举办本科以上层次中外合作办学项目。根据教育部教育涉外监管信息网公开数据,至少有 903 个项目,包括本科项目 757 个,硕士项目 130 个和博士项目 16 个。其中,2016 年教育部共新批准设立本科及以上层次中外合作办学项目 55 个。以下针对 2016 年新批项目与截至 2016 年已有的项目进行对比。

表 7 - 1　2016 年在办与新批中外合作办学项目情况对比

	截至 2016 年中外合作项目的基本状况	2016 年新批中外合作办学项目的基本状况
地区分布	共有 903 个中外合作办学项目,包括本科项目 757 个,硕士项目 130 个和博士项目 16 个,办学层次以本科层次为主,占总数的 83.8%。	新批的 55 个中外合作办学项目涉及我国 22 个省市自治区;西部各省市开展中外合作办学积极,加速办学水平提升。其中,四川省的新增项目达到 5 个,位居全国第三。
合作国别	英国、美国、澳大利亚和加拿大等西方高等教育发达国家高校是我国目前开展合作项目的主要合作对象,与上述四国高校的合作办学项目数量超过项目总量的 60%,其他的合作国家和地区主要集中在欧洲和亚洲高等教育水平较高的国家和地区,如韩国、法国和德国。	新批的 55 个办学项目来自 19 个国家和地区,除与美、韩、法、俄继续保持合作关系外,波兰、泰国、印度等"一带一路"沿线国家高校也在利用自身优势积极与我国高校,特别是中西部高校开展合作办学,促进中外合作办学新格局的形成。

	截至 2016 年中外合作项目的基本状况	2016 年新批中外合作办学项目的基本状况
专业分布	开设的专业涉及除哲学和军事学外的其他 11 个学科门类。数量最多的是工学类项目,占比达 38.6%,主要集中在本科层次。管理学类项目在研究生层次项目中占据明显优势,数量超过研究生层次项目总量的一半(52.7%)。经济学类和艺术学类项目也呈现明显的增长态势。	新批的 55 个项目涉及 8 个学科门类,分布情况与总体分布趋同。其中,工学类新增项目数量有 30 个,占总量的 54.5%,涉及本科、硕士和博士三个办学层次,管理学类项目有 9 个新增项目,位居第二,艺术学类项目新增 7 个项目,位居第三。
招生方式	主要包括纳入国家普通高等教育招生计划(统一招生)和自主招生。其中,本科层次主要以统一招生为主,占其项目总量的 97.6%,研究生层次更多的采取自主招生,占比达 80.8%,此外还有少数项目两种方式同时进行。	新批的 55 个中外合作办学项目中有 54 个项目通过统一招生的方式进行,仅有 1 个新项目通过自主招生的方式进行招生。
学位授予	主要包括只发中方证书、只发外方证书和双方均颁发证书三种情况。其中外方院校授予合作办学项目毕业生学位分为无条件(学生无需前往外方院校就读)和附加条件(学生必须前往外方院校就读)两种情况。本科层次中外合作办学项目多为只颁发中方证书或双方均颁发证书的情况,分别占该层次中外合作办学项目总量的 44.6% 和 55.0%,而研究生层次的中外合作办学项目多为只颁发外方证书,约占该层次中外合作办学项目总量的 62.8%。	55 个项目中双方均授予学位的项目多达 35 个,占 63.6%,其中有 9 个项目的学生无需前往外方院校就读即可在毕业时获得外方院校颁发的证书。在教育部中外合作办学学生获得外方院校证书不以是否前往外方院校就读作为必要条件的政策引导下,未来中外合作办学项目的举办将以统一招生和双方均授予证书(外方无条件)为主要形式。

三、细化方案,学生培养更国际

2016 年,我国中外合作办学项目为使学生更好地利用国际资源,设计了合理的培养目标,多种培养形式并行,注重资源引进,保障培养质量。中外合作办学项目从设置培养目标、制定培养计划和引进外方教学科研资源与管理体系等多种渠道,保证优质资源的引进,提高学生的培养质量。

1. 招生情况分析

2016 年实际招生 56 621 人(本科 51 397 人,硕士 4 927 人,博士 297 人),从各个层次项目平均招生人数来看,本科项目的平均招生人数约为 67 人,硕士生项目的平均招生人数约为 38 人,博士生项目的平均招生人数约为 19 人。

从录取方式上看,纳入国家普通高等教育招生计划并在二本档次录取的过半,占总数的 54.04%，一本招生的项目占 26.50%，另有 9.52% 的项目采用了自主招生的录取方式。

2. 培养方案分析

培养目标。我国中外合作办学项目的培养目标兼具国家性与国际性，从本土市场需求与国际市场需求出发，强调充分发挥中外合作优势，提升学生国际竞争力，培养学生的跨文化合作交流能力与国际视野。同时，在专业理论与技术方面，注重"专才"培养，学习国外合作大学，细化分解学习目标，详述毕业生应掌握的专业知识与实践能力。因此，与非中外合作办学项目相比，中外合作办学项目在重视国内需求的同时，更强调人才的国际适应能力与交流能力，面向国际市场，强化学生的国际竞争力，更具国际化色彩。项目多为精英式的培养目标，强调创新精神，高素质与全面发展。

合作培养形式。在国家行政审批政策的引导下，鼓励不出国的留学。因此在现有项目中，以境内培养为主或全境内培养的项目占大多数。例如本科层次的项目中，有 454 个项目的学生并无国外学习时间规定，仅通过师资和课程引进等方法，在国内进行学习，而有230 个项目的培养形式为仅一年或半年的时间在国外就读。两者共占本科项目总数的91.32%。同时，各项目通过可选择的赴外实习、境外暑期课程等方式为学生创造了出境学习的机会。

培养质量保障。各中外合作办学项目为提高人才培养质量，运用多种方式进行保障。主要有三点保障策略。第一，共定合理的培养方案。在制定人才培养目标与培养方式时，中外双方根据经验，各自发挥双方优势，共同制定培养方案。第二，共治共管，学校联动。多数项目采用由中外双方负责人及代表成立联合管理委员会或管理小组的方式，负责项目的日常管理与发展规划工作，定期召开会议，及时沟通，协商解决问题，共定管理制度。另一方面，各项目也依托于学校已有的管理部门（如教务处等）与"国际学院"等院级组织，进行学生管理与培养。各项目也主动遵守学校与学院已有的各项规定，形成良好的配合协作关系。第三，完善培养制度。在管理方面，部分本科项目仍采用辅导员制度和班级导师制度双轨并行的方式，负责本科生的在校生活。而研究生则更多采用导师制。并且对学员学籍和教学档案进行规范化管理。

3. 毕业情况分析

2016 年中外合作办学项目共有毕业生约 31 234 人，整体毕业率较高，达 96%。毕业情况与毕业去向呈现出如下特点。

第一，双学位过半。有 51.83% 的项目毕业生可拿到中外双方高校的学位（其中36.96% 的学生可无条件获得两校学位）。有 37.74% 的项目毕业生仅可以获得中方高校的学位。另有 10.43% 的学生仅可获得外方学位。

第二，深造首选国外。整体来看，毕业生更偏好于就业，升学方面更偏向于海外高校。

在所有毕业生中,就业率为78.56%,国内深造率为7.70%,国外深造率为13.58%。升学就业之比为1:3.69。国内深造与国外深造之比为1:1.76。另有0.16%的毕业生暂时没有确定的去向,可进行进一步调查分析。

第三,项目层次越高,就业率越高,升学率越低。随着项目层次的升高,选择继续深造的学生比例越来越小,相较于本科生,硕士毕业生选择在国内继续深造的比例更高。而项目毕业生具有越高的学历,则就业率越高,就业越充分。

四、结构合理,师资队伍更优质

国际师资的水平对于中外合作办学项目的顺利开展起着至关重要的作用。2016年度,全国中外合作办学项目中师资队伍结构合理均衡,年龄、性别、学历、职称结构上都较为合理。与2015年的情况比较后发现,中外合作办学师资队伍发展趋于稳定,队伍基本特征未出现显著变化。

1. 师资队伍整体情况

根据教育部中外合作办学项目2016年的统计数据,剔除无效信息数据,本研究对862个本科以上中外合作办学项目中的29 234位教师信息进行了统计分析。男女比例基本保持数量上的平衡,男性教师人数略高于女性教师人数,占到总人数的54.31%。年龄基本集中在31—50岁之间,占到总人数的68%左右,其中一半以上是31—40岁之间的教师,可见中青年教师是中外合作办学师资队伍的主力军,有效凸显了团队的年轻化趋势。

中外合作办学教师的学历层次普遍较高,具有研究生及以上学历的人数高达约87%,其中拥有硕士学位的教师人数居于首位,拥有博士及副博士学位的人数次之,本科学历及以下占比最少,仅有12.5%左右。工作10年以上的教师占据多数,超过总数的一半以上。由此可见,中外合作办学中教学经验丰富的教师人数占比居高。

2. 国际师资队伍情况

在2016年中外合作办学项目中,共收集了808个项目6 893位外籍教师信息。外籍教师占整个教师队伍比例为23.65%。外籍教师比例相较于2015年(5 929人,23.53%)并无显著提升,其中,男性外籍教师的数量均明显超过女性教师数量,男女教师人数比例均在2:1以上。

国际师资国别来源。随着我国中外合作办学项目的发展,外籍(境外)教师的国籍分布呈现出越来越广泛的趋势,其中本科、硕士和博士项目外籍(境外)教师的来源国家和地区分别达到83、43和17个。外籍(境外)教师数量较多的来源国家和地区与我国中外合作办学项目合作国家和地区呈现高度一致性,主要来自于美国、英国、澳大利亚、俄罗斯、加拿大、韩国、德国、法国、爱尔兰和日本,均为高等教育发达国家和主要教育输出国。

国际师资学历和职称。在所有外籍教师中超过一半拥有博士学历(53.58％),而且这一比例随着中外合作办学项目办学层次的提高而提高。从职称角度看,从事本科项目的教师以中级职称居多,而在硕士和博士项目任教的教师则大多拥有高级职称,分别超过70％和80％。总体而言,目前我国中外合作办学项目中引进的外方师资约有一半拥有高级职称,拥有高级职称教师的比例随办学层次提高而提高。

国际师资招聘来源。目前我国中外合作办学项目的外籍教师大多来自外方院校(90％),中方院校聘用的外籍教师比例相对较小。不同办学层次的中外合作办学项目中来自外方院校外籍教师的比例无显著差异,这表明通过中外合作办学项目,引进外方院校的教师来华任教对于引进国际化师资起到重要作用,但这些外籍教师是为我所用,而不是为我所有,属于借用外智的资源引进形式。

因此,从总体数量上来看,2016年度境外师资队伍基本保持稳定,整体质量相对较高。其中,超半数以上都具有博士学位以及高级职称,这些外籍教师多是外方合作学校的资深教职人员,拥有丰富的教学经验。不仅如此,有很多外籍教师还是其所在领域的学科带头人和首席专家,科研实力雄厚,在其执教期间促成多项合作科研项目的开展。另外,通过灵活的聘用方式,不少项目还聘请具有丰富社会实践经验的外籍人士担任兼职教师,为学生提供实践领域的教学与指导。同时,中方积极开展外籍教师招聘,从原本单一的语言教师招聘,逐渐扩展到专业课领域,中方自聘的外籍教师开始逐渐成为合作办学项目中的重要组成部分,是办学项目发展的新趋势。

五、引进吸收,教学改革更融合

教学组织是教学活动的根本要素之一,提升中外合作办学项目的教学组织水平有助于提升中方母体学校的学术层次和教学管理能力。

1. 课程体系的引进

引进课程结构多样化。目前中外合作办学项目中超过60％的课程由中方开设,引进外方和共同开发的课程分别占到28.08％和8.27％。引进外方和共同开发课程主要是专业核心课和专业基础课。在共同开发的课程中,课程结构多样(专业核心课30％,专业基础课28％,公共课20％,选修课13％,实践课9％),表明中外双方学术合作渐渐从专业核心领域延伸到专业基础以及通识领域。

引进课程以外教课程教学为主,有超过三分之一(36.70％)的外籍教师授课时数在33—64课时之间,而授课时数不足16课时的外籍教师数量不足10％。由此可见,外方来华授课并不是短期的或零星的讲座形式,更多的是课程形式,包含了足够的学时学分。外籍教师的授课周数可以有效反映外籍教师在教学工作中所承担的工作量,以及在中外合作办学人才培养过程中所投入的精力与时间。

引进课程类别多为专业核心课。引进外方课程中所占比例最大的是专业核心课,其总量超过所有引进外方课程总数的一半,引进外方专业基础课所占比例也超过了20%。上述两类课程在所有引进外方课程中占到约四分之三,说明目前我国中外合作办学项目中引进外方院校的课程多与专业教学密切相关,这有助于中方院校通过引进国外优质教育资源提升自身学科建设和专业教学水平。

中外合作办学项目的课程体系有以下明显特征。第一,课程体系的创新灵活。在设置课程体系时融入了创新的培养目标,课程设置也更为灵活,使学生有广泛的个性化选择权。第二,通过增加过渡性教学,融入思政文化教育,使课程体系达到本土化。第三,通过语言教学、思维方式的融合以及文化观念的融合达到教学大纲的跨文化融合。

2. 教材的引进

在中外合作办学项目课程所用的教材中有超过三分之一(35.89%)为中文教材,使用外文教材的课程约占四分之一左右(25.89%),而使用中外文教材的比例较小,仅占2.08%,另外还有相当数量的课程未填写教材使用语言的情况。说明中外合作办学项目使用中文教材较为普遍,其中原因可能是母语更便于学生理解和掌握知识。外文教材的使用也相对较多,说明中外合作办学项目越来越注重学生对外文教材的阅读能力,且学生有更多机会接触国外的专业词汇和表达,拓宽学生的国际化视野。在我国中外合作办学项目中,有不少院校已经把教材建设纳入重要的教学工作中。

3. 教学方式的改革

以外文为主要教学语言的教学方式。有关中外合作办学项目课程授课语言的数据显示,目前使用中文授课的课程仍占所有课程的一半以上(51.50%),使用外文授课的课程比例接近三分之一(31.98%),而同时使用中外文双语授课的课程比例还比较小,尚不足10%。说明除培养计划中用中文授课的思政类课程外,中外合作办学项目运用外语或双语作为授课语言,通过这种教学方式为学生营造国际化的学习环境。

课内外教学相结合的教学方式。一些中外合作项目结合学生的个人发展和培养目标,开始推动课内外教学相结合的教学方式。

培养学生自主学习的教学方式。目前许多中外合作办学项目的教学计划设置受引进的外方教学方式的影响,开始淡化被动接受式的学习,给学生的自主学习留出更多时间和空间,教学形式以激发学生兴趣为主,教学活动具有明确的任务性,教学评价也更多样化,学生们可制作 Powerpoint 进行演讲、选择课题开展研究形成报告、组成小组讨论完成实践活动等。

校企紧密合作的教学方式。通过举办企业代表讲座、共建校外实训基地、校企之间实体合作等形式，发挥学校和企业各自的优势，培养社会与市场需要的人才，实现高校与企业的双赢。

4. 教学质量的保障体系

教学质量的高低程度决定着中外合作办学项目人才培养质量的高低，因此，大部分中外合作办学项目都建立了一个有效的内部教学质量保障体系，由教学管理系统、学生反馈评价系统、教学研究系统和教学服务系统组成，同时接受外部质量保障体系的评估和监督，以确保教学质量的稳步提高。

六、国际接轨，管理体制更创新

1. 办学管理理念

在多年的合作办学实践过程中，通过不断学习与吸收，融合了国外办学先进的管理理念，在一定程度上推动了我国高校办学管理理念的发展和创新，为培养国际化人才提供了重要制度保障。

注重培养自主性、复合型的国际化人才。由于课程体系、授课方式方法、师资环境等各方面的不同，中外合作办学项目培养的学生在课程选择、知识学习等方面有更多的自主选择机会，从而培养了较强的自主性。同时，注重培养学生的国际竞争力。所有的本科及以上中外合作项目重视全方位培养学生的外语能力，学生的入学成绩、日常教学、外方课程在外语方面都有明确的要求。

注重实践，培养学生创新创业能力。近年来，中外合作办学项目在中外双方合作过程中，注重引进国外教育理念，在教学模式、教学方法、课程设置、参加社会实践等方面通过多种形式培养学生的实践能力和创新能力。

加强相关专业领域的国际认证，提高国际认可度、中外合作办学项目在长期的实践过程中，通过引进国外高校先进的教育理念和资源、教育方式等，也提高了国际认证的意识，推动了我国高校相关专业和领域的国际认证进程，引进国外先进的认证和评估体系，进一步将国内专业与国际接轨。

2. 管理体制创新

随着中外合作办学项目的发展与管理规范化的要求，我国实施中外合作办学项目的高等院校大多根据项目管理模式特点和项目发展需求成立了学校层面的联合管理委员会以及项目实施层面的管理机构，并出台配套管理制度，保障项目的规范化管理与可持续发展。

根据对中外合作项目办学情况的调查,我国高等院校的中外合作办学项目的管理机构一般为项目联合管理委员会、项目管理领导小组等。高校的外事、教学、学工、招生、财务等职能部门负责对中外合作办学项目申报、实施与管理进行政策指导与管理监督。在项目执行层面的院系,由于项目管理模式不同,具体管理机构形式多样。

3. 教学质量评价

中外合作办学评估。目前国内的中外合作办学评估主要是由国际合作与交流司统一组织,教育部学位与研究生教育发展中心具体实施的,通过单位自评、网上公示及综合评议开展评估并及时向社会公布评估结果,结果分为合格、基本合格和不合格。根据2016年中外合作办学评估自评信息公示显示,2016年全国共有26个省市区共计127个项目参加了中外合作办学评估。

国内与国际的双重质量标准评估。办学双方各自按照中方和外方教育质量标准和要求开展了双重质量标准评估,即本土化和国际化相结合的模式。这种评估模式既能保证中外合作办学项目坚持中国国情的特色,又能按照一定的国际标准检验教育质量。2016年共有12个项目通过了双方的评估,其中QAA组织的评估占了58.3%。评估机构所在国除英国外,还有澳大利亚、美国、韩国、德国等,项目举办单位主要集中在北京、上海等城市。

外方评估。中外合作办学项目参加并通过了外方评估机构组织的评估并按照外方标准和要求开展评估,与国外院校采取同一标准,保证教育资源等统一性。8个项目均已通过了合作方所在国的评估机构开展的评估。

第三方外审。独立于中外合作双方所在国的权威或主流教育评估机构的第三方对办学质量开展评估,客观公正地评估办学质量,一般以行业评估为主。

中外合作办学认证。在中外办学过程中,得益于外方优质教育资源,部分中外合作办学项目尝试并通过了国内外认证机构开展的认证。得益于双方深度合作和资源共享,2016年共有10个项目的中方高校获得了认证资质;共有25个项目的合作外方获得了相关认证;共有12个项目的合作双方获得了相关认证,为提高合作办学质量提供了双重保障。第三方认证具有相对独立性,是政府和学校之间的桥梁,上海教育评估协会和中国国际教育交流协会正在对此进行探索,取得了良好效果。

4. 财务管理

中外合作办学项目财务管理实行统一管理、专款专用的财务内部管控制度。各项目普遍实行统收统支的财务管理模式,由学校统一管理,专款专用,严格执行国务院有关中外合作办学的相关法规以及财务管理和审计要求,严格按照"收支两条线"原则执行。

从整理来看,同一专业,大部分中外合作办学项目是非中外合作办学项目收费的3—4倍左右。其中法律艺术类收费偏高,理工与经管居中,教育、语言与农医类偏低。2016年整体比 2015 年收费上涨 10％左右。

中外合作办学项目整体收支情况良好,盈利项目占总比的 66％以上,亏损项目占总比 24％,收支平衡项目为 10％。绝大部分的中外合作办学项目收支情况良好,运营情况比较健康。

第二节　中外合作办学项目面临的挑战

一、招生地域与层次分布不均

在整体布局上,本科层次的项目和招生人数占绝大多数,且本科项目平均招收的学生更多。这一招生布局与我国中外合作办学项目的办学层次布局直接相关。目前我国本科层次中外合作办学项目的举办者以普通高校为主体,而自身办学水平较高的 985 和 211 高校则更多聚焦于在研究生层次上举办中外合作办学项目。我国研究生层次的项目仍有待增加。

本科及以上层次中外合作办学项目数量与各省市区高等教育水平和国际化程度有着密切的关系。项目数量较多,特别是研究生层次项目数量较多的省份,如北京、上海、江苏、浙江等省市的高校自身均具备较好开展合作办学工作的基础条件。而河南、黑龙江和山东等开展合作办学时间较早的省份,则多以本科层次项目为主,较好地弥补了本省本科教育资源的相对不足,而广大西部省区的合作办学还处于起步阶段,总体项目数量不多。

我国中外合作办学项目招生存在地域分布不均的现象,招生人数与招生率极值间的差异很大,部分省份招生计划难以完成,而部分省份存在超额招生现象。因此,招生计划人数应随每年招生情况及时进行动态调整,并且在招生数极少的省份鼓励其设立中外合作办学项目,进行小规模的尝试。综合办学层次与地域因素,我国各省办学层次差距也较大,地域发展并不均衡,部分省份虽招生人数众多,但均为本科生项目,对研究生项目几乎没有涉足。

二、培养模式有待进一步完善

从招生数量和招生层次来看,2016 年计划招生 67 764 人,实际招生 56 621 人,全国平均招生率达 83.56％,存在招生不足的现象。

从招生方式与条件来看,我国大多数本科项目仍处于第二批次录取,整体项目水平不高,需鼓励我国一流大学发挥其优势,建立高水平高层次的中外合作办学项目。在招生分数上,多数文科与理科的合作项目录取分数线均低于非合作办学专业,虽然文科线分差相对理科较小,但是仍需在入口方面严格把控生源质量,用优质的办学效果吸引高分考生。同时,我国本科项目绝大多数被纳入国家普通高等教育招生计划,很少使用自主招生方式选择合适的人才。而研究生项目则相反,大多采用了自主招生方式,与"申请制"有相似之处。从招生分数和学费来看,大部分本科的中外合作办学项目的招生分数低于非合作办学项目,而学费则高于非合作办学项目,因此其满足的是家庭经济条件尚可,具有一定经济基础而学业成绩也达到一定要求,追求优质和差异化教育资源的学生。

从培养模式上来看,已经形成了以国内培养为主的模式。我国合作项目的合作形式繁多,国内与国外学习时间分配方式多样。国内培养与国外培养利弊兼具。在国内培养有助于学生适应国内的生活与学术环境,同时方便学生进入国内就业市场。就校方而言,在国内让学生一以贯之地完成培养计划,既可以降低办学成本,又便于课程衔接与安排。但是这种培养方式减少了学生与外方合作院校接轨的机会,缺乏真实的国际文化环境,不利于学生的国际化培养。

外方校园是外合作办学的重要国际资源之一,进入外方校园学习可最大程度地获取其硬件与软件资源,如图书馆、实验室、师资和课程等,帮助学生加强学术交流,磨炼语言交流能力,提升跨文化适应力。在现有的培养形式中,一半以上的本科项目仅通过师资和课程引进等方法,在国内进行教学。硕士层次中,75％的项目未给学生提供出国学习的机会,博士项目也有半数以上的项目无国外就读时间。增加学生的国外就读时间更有助于国际资源引进。硕士和博士项目是以授予外方和中外方学位为主,而其培养方案的学制安排是以在境内学习为主,外方师资和课程的引进对于教育质量的保障就显得至关重要。因此建议给不同需求的学生提供不同的选择路径。

三、师资发展未有长足进步

通过对 2016 年数据的梳理与分析,同时结合 2015 年的数据进行对比,当前我国中外合作办学师资队伍整体发展稳定,基本结构合理均衡,质量与水平保持较好,但在某些方面依然存在显著差异,诸如学科层面、项目层面、地区层面等,应当成为政府和机构继续关注的重点。

(一) 师资队伍结构合理、规模合适,优化待继续

上年度的问题依然存在:首先,高职称与高学历教师比例仍未实现突破性增长,依旧

不足 20％,高层教师引进仍需加大;其次,专业上仍集中在工学、管理、经济这些应用学科上,且超过总数的 70％,从学科均衡发展角度上来看,需要进一步完善;再次,地区差异依旧显著,东中部地区项目集聚,西部地区发展滞后;同时,项目层面上也存在师资水平的差异,项目层次越高,师资水平越高,项目数量最多的本科项目中师资力量远低于其他两个层次。因此,为提升中外合作办学项目师资力量,需重点关注上述突出问题,促使项目教师队伍均衡发展,质量逐年提升。

(二) 境外师资规模需要进一步提升,管理制度需要优化

虽然,目前境外师资队伍形成了一定的规模,也保持着较高的质量,但在未来发展中依然有很大的进步空间。

1. 规模需进一步扩大,特别是加大优质师资的引进

通过对 2015 年与 2016 年的数据进行对比,可以发现外籍教师占项目教师总人数的比例维持在 1/4 左右,从引进优质教育资源的目标出发,这一比例还可以继续扩大。此外,高学历与高职称教师的比例也有提升的空间,特别是高职称教师人群,目前仅有 1/3 的外籍教师具有正高级以上职称。同时,对于外籍教师的资格审查仍需严格把控,从 2016 年调查的数据中显示,仍有 40％左右的教师并不具有教师资格。因此,对优质外籍教师的引进应当成为未来发展的重点,不仅需要关注教师规模的扩大更需要严控教师的质量。

2. 管理规范性有待加强,分类管理十分必要

在中外合作办学项目中,对于外籍教师的管理通常涉及两大方面,首先是人事管理,在人事管理方面通常将合作办学中的教师纳入中方合作学校教师的统一管理中;其次是教学活动管理,在教学方面则由项目所在机构统筹与协调,与项目内的中方教师采用同样的管理方式。据此,在合作办学项目中尚未建立起对于外籍教师专门的管理制度,然而考虑到外籍教师的特殊性,应当建立具有针对性的管理制度,从而更好地激发他们的工作热情,提高教学质量,促进办学水平的有效提升。

3. 队伍稳定性与持续性有待提升

当前,中外合作办学项目中约 90％的外籍教师都由外方合作院校选派,中方自主招聘的外籍教师相对较少。外方选派的教师由于要完成自己学校的教学任务,通常选择集中授课的教学方式。这种"飞行授课"的方式,不符合教学的基本规律,会使得教学质量大打折扣,也会增加学生学习的负担和影响学习效果。同时,也有调查显示,中方院校或项目机构自身招聘的教师并不具有稳定性,语言类教师的工作期限通常为一个学年,即使是长期聘用,也很少有老师连续任职时间超过两年。

四、合作课程少，外教授课仍集中

（一）引进外方课程有待提升

尽管引进外方和共同开发课程的比例总和超过了三分之一，但从总体情况来看，无论是引进外方的课程体系还是由双方院校共同开发的课程体系，都还有进一步提升的空间，特别是体现双方院校在学生培养和课程体系建设方面进行深度合作的共同开发课程目前所占比例尚不足 10％，仍然需要中外双方院校在未来的合作办学过程中继续加强和提高。

（二）集中授课现象有待解决

授课周数不超过 8 周的教师约占总数的一半（48.63％），而授课周数在 9 周至 16 周的教师约占三分之一（34.51％），这说明目前我国中外合作办学项目中大部分的外籍教师授课情况仍然相对集中，其中部分为"飞行教师"，即从外方合作院校派遣至中方合作院校完成短期集中授课。

五、财务管理需加强

从 2016 年全国各省市自治区公布的自评报告内容来看，未注明项目是否设有独立账号的单位占大多数，虽然提到"专款专项专用账号"，但财务报告中未有明确反映。此外各申报单位提交的财务报告格式参差不齐，建议有关部门对申报单位财务报告的格式和内容进行明确规定，如财务报告中须有年度的收支情况详细列表、收支情况图表、注明是否有独立账号、是否接受审计部门年度审计、有无相关审计报告等相关重要信息。

第三节　对中外合作办学项目发展的建议

在针对中外合作办学所取得的成就以及面临的挑战，本课题组提出以下建议，尤其是针对引进资源上的建议，包括区域资源、师资资源、课程资源等。

一、促进区域均衡，引进国外教育资源服务国家战略发展

在项目审批以及招生方面，我国应增强中外合作办学项目整体布局的统筹规划。在项

目审批上,鼓励有资质的高校与高水平国外院校合作,开设研究生层次的项目。优化已存在的项目,分析招生数为零的硕士、博士项目招生困难的原因,挖掘共性问题,从宏观上提出对策建议。在地域分布上,鼓励招生人数极少的省份设立中外合作办学项目,促进地域发展平衡。同时关注研究生层次项目比例较低的省份,督促其理性设置本科层次项目,提高办学质量,完善退出机制,适度增加研究生层次项目,引进国际一流大学与我国高校合作,培养高层次人才。

在合作国别上,政策倾斜服务国家战略发展。例如2016年波兰、泰国等"一带一路"沿线国家的高校也利用自身在某些学科领域的优势和特色积极与我国高校,特别是中西部高校开展合作办学。这种新变化使得我国中外合作办学的合作国家和地区范围正在不断扩大,合作领域正在不断丰富,一个更加全面、立体、多样化的中外合作办学新格局正在形成。

二、优化学生培养,充分利用国内国外双校园资源

在就业率与毕业去向方面,中外合作办学项目表现良好,大部分学生可以实现就业或升学。但是各省毕业率表现不均衡,毕业率较低的省份一半学生无法毕业。针对毕业率过低的省份,应进行追踪调研,排查毕业率极低的项目,及时寻找原因,调整培养方案或考核方式。对于本科层次的项目,可为学生开辟更多获取外方高校学位的机会,设置合理的筛选条件,激发学生的学习热情,激励学生发挥其主观能动性,提高培养质量。

学校应充分了解学生诉求,为学生提供多种学习方式,广泛吸收境外核心课程编排、授课形式、重点教材与师资资源。运用在线授课、出境与复制课程等多种方式进行授课,安排境外课程、实习、暑期实践等国际交流机会,灵活学分转化,实现培养方案的顺利衔接,为不同需求的学生提供不同的培养路径。

三、加大师资引进,管理和服务好高层次国际师资资源

通过聚焦境外师资队伍,发现距离实现引进优质国际教育资源的目标仍有一定差距,外籍教师在数量、资质、教学水平和科研能力等方面均有改善的空间,进一步提升境外师资队伍质量、加大力度引进高水平教师应当成为未来国际师资队伍建设的重点。同时,目前对于外籍师资的管理尚需进一步完善,应当有针对性地建立相应的管理制度,更好地发挥外籍教师在合作办学中的特殊作用,切实有效地提升教学效果,促进中外合作办学项目教育质量的整体提升。

（一）完善境外师资队伍的相关政策法规

目前，针对中外合作办学项目师资管理的政策法规文件都是早期制定的，如《条例》、《实施办法》均是十几年前制定的，最近的《教育部关于进一步加强高等学校中外合作办学质量保障工作的意见》也是 2013 年出台的，鉴于中外合作办学正处于加速发展的时期，从时效性角度而言，这些政策法规可能存在与发展现实状况脱节的问题。不仅如此，这些政策文件对于师资队伍的管理仅从宏观层面进行规定，"师资管理"往往仅是其中的一章和一节，表述相对笼统，对于外籍师资管理的表述更是单薄，在具体实践中仍需要细化。

因此，中外合作办学的政策法规应当紧跟项目的实践发展，适应项目的发展需要，根据现实情况及时进行调整和完善，从而有效发挥政策法规的宏观导向作用。同时，出台有针对性的专门政策法规，以更好地规范和指导办学中的师资团队管理行为，对于特殊性群体的管理应当做出更明确的规定和要求，从而便于办学活动中管理活动的有效开展。

（二）加大力度引进境外优质师资，完善审核机制

考虑到中外合作办学进入快速发展时期，数量和规模正在不断扩大，对于办学质量的要求不断强化。外籍教师作为办学活动的核心，其规模和质量在很大程度上会影响到办学的实际效果。虽然，目前中外合作办学在外籍师资引进上取得了一定的成效，但是还存在很多的进步空间。

首先，在数量上需要进一步扩大，目前外籍教师总体数量仅占全体的 1/4 不到，难以满足"外籍教师至少需承担 1/3 的专业核心课程"的基本要求，这一比例可以进一步扩展到 1/3 或 1/2，以满足课程实施的需求；其次，在教师来源上应当继续增加项目自聘专职教师，以维持教师团队的稳定性，保证授课质量，减少"集中授课"和"飞行授课"带来的不良影响。合作双方在项目成立之初可就教师招聘达成协议，共同出台符合本项目办学需求的教师招聘标准，招聘真正符合标准的实用人才，实现中外合作办学"融合性"发展的特色，减少传统的"嫁接式"或"拼接式"教育方式带来的不良影响。

（三）建立境外师资队伍的长效管理机制

目前，对于中外合作办学项目中外籍师资的管理并不明确，部分由合作院校校级层面统一管理，部分由办学项目所在机构负责协调，项目中外籍教师与中国籍教师也没有分开管理，这对于发挥外籍教师团队的特殊性而言并不是十分合适。

因此，对于境外师资队伍的管理，应当建立具有针对性的管理机制。首先，在人事管理上，应将外籍教师的管理纳入到项目机构层面的日常管理之中，也便于日常的沟通和实际

操作;其次,教育管理上,采用灵活的考核方式,对于他们的教学计划、教学设计、教学内容和教学活动实施应当给予自己开发的空间,而非限制他们的教课方式和教课内容;再次,在工作考评上,应当重点关注其所授课程的教学效果和学生反馈情况,而不是单一的考察课程数量,同时建立相应激励机制,对于授课效果、质量高的教师给予一定的奖励;最后,生活支持上,为外籍教师提供全方位的支持,帮助他们解决生活中因外籍身份而引起的各种困难与障碍。

四、改革课程教学,更大力度加强中外资源的融合对接

从总体情况来看,无论是引进外方的课程体系还是由双方院校共同开发的课程体系,都还有进一步提升的空间,特别是体现双方院校在学生培养和课程体系建设方面进行深度合作的共同开发课程目前所占比例尚不足10%,仍然需要中外双方院校在未来的合作办学过程中继续加强和提高。

大多数外教都是外方院校派遣,还没有完全融入到中方管理之中,建议加大合作双方共同培养师资的力度,真正实现课程教学的融合对接。

第四节　中外合作办学项目今后的发展方向

一、政府监管层面,与时俱进谋发展

2016年12月底启动的《条例》及其实施办法修订工作,标志着中外合作办学整体进入提质增效、内涵发展的转型阶段。根据当前教育对外开放和教育综合改革发展的新形势、新情况,法规修订坚持"问题导向,实事求是,改革创新,简政放权,提质增效"的基本思路,主要关注以下几个方面:加强党的领导,尊重办学规律、优化准入标准,强化质量保障,更加科学地界定中外合作办学内涵,明确引进优质资源政策,理清简政放权与事后监督等问题。

二、举办者层面,发展导向更明确

中外合作办学水平稳步提升,已进入"提质增效、服务大局、增强能力"的发展新阶段。提质增效是中外合作办学项目的内涵发展,重在提高办学质量和办学效益;服务大局是中

外合作办学项目的外延发展,是合作办学项目的功能延伸;增强能力是中外合作办学项目的核心目标,为了提升我国的教育水平和对外开放等综合国力。

无论是作为风向标的审批工作,还是作为指挥棒的评估工作,都将工作的重点放在这三个方面。今后审批或评价一个中外合作办学项目,它是否是高质量的合作办学、是否服务大局、是否增强了我国教育能力和对外开放能力是评判标准。任何与此相悖的合作办学项目,都将被淘汰、被撤销。

三、项目运行层面,管理日趋精细化

各主管部门以及评估机构对合作办学协议、人才培养方案、引进优质资源标准、评估方法和网络化评议技术等问题进行了科学细化的讨论,标志着中外合作办学的管理走向科学化、系统化、精细化。这就要求各合作办学项目单位,能够认认真真地以教育者的身份,"不忘初心"、脚踏实地地向纵深方向改革创新。

附录

附录一　十八大以来我国中外合作办学项目的发展概况

党的十八大以来,各级教育行政部门坚持主动服务国家开放战略,在国家开放大局中谋划教育新定位、展现教育新作为,全方位、多层次、宽领域的教育对外开放格局已经形成,建成了一批示范性高水平中外合作办学项目和机构,与世界上 188 个国家和地区建立了教育合作与交流关系,与 46 个重要国际组织开展教育合作与交流。成功建立中俄、中美、中欧、中英、中法、中印尼、中南非、中德 8 个高级别人文交流机制,人文交流已与政治互信、经贸合作一道成为我国外交的三大支柱。①

2016 年 2 月,中共中央办公厅、国务院办公厅印发了《关于做好新时期教育对外开放工作的若干意见》(以下简称"《意见》")。《意见》对新时期中外合作办学乃至于整个教育对外开放事业做出了科学的总体设计,是新中国成立以来第一份全面指导我国教育对外开放事业发展的纲领性文件,也是指导未来中外合作办学的纲领性文件。② 以《意见》的出台为标志,中外合作办学进入了新的、关键的发展时期。而从近年来中外合作办学项目的相关政策举措来看,也无不体现了《意见》精神。

一、十八大以来中外合作办学项目的政策举措

(一) 优化中外合作办学项目的行政管理平台

从行政执行层面加强了我国中外合作办学管理的规范性。教育部于 2013 年年初,在

---

① 教育部:发展具有中国特色世界水平的现代教育——党的十八大以来教育改革发展的成就和经验 http://www.moe.edu.cn/jyb_xwfb/gzdt_gzdt/s5987/201708/t20170816_311212.html.
② http://epaper.rmzxb.com.cn/detail.aspx?id=3959820.

教育部国际合作与交流司设立了涉外监管和办学处,以优化涉外办学的行政管理体制和工作机制,加强和改进涉外办学管理。新设立的涉外监管和办学处整合了国际司政策规划处和教育涉外监管处关于涉外办学活动的管理职能,主要负责中外合作办学、"走出去"办学、外籍人员子女学校等涉外办学活动的管理。该处在对中外合作办学等涉外办学活动的统筹规划、行政审批、指导推进、监督检查和宏观调控等方面发挥重要的作用。教育部的这一举措,有效加强和规范了中外合作办学项目的管理工作。

此外,为了加快政府职能转变,深化行政审批制度改革,改进行政审批工作,2015 年 3 月,教育部完成了中外合作办学信息管理系统开发,初步实现网上"一个窗口"受理、"一站式"审批,进一步提高了政府的工作效率和为人民群众服务的水平。

同时,为做好中外合作办学项目信息的公开透明,2014 年 9 月,教育部中外合作办学监管工作信息平台公布了中外合作办学督查热线,以进一步维护学生的权益、加强社会舆论监督。2014 年 11 月,教育部在中外合作办学监管工作信息平台上,对已停止办学活动的 252 个本科以下层次中外合作办学机构和项目进行了公示,以进一步加强社会舆论监督、强化信息监管,防止出现违法违规的办学行为,维护学生权益,促进中外合作办学的持续健康发展。

(二)强调中外合作办学项目的质量引领

2013 年发布的《教育部关于进一步加强高等学校中外合作办学质量保障工作的意见》(教外办学〔2013〕91 号)是继 2007 年以来,教育部下发的又一个关于中外合作办学的重要政策性文件,是对《国家中长期教育改革和发展规划纲要(2010—2020 年)》(以下简称"《教育规划纲要》")要求的具体落实,文件明确了高等学校中外合作办学质量保障建设总的目标是"高水平、示范性",重点强调要坚持强强合作、典型示范,真正引进强校、名校。并对高等教育中外合作办学质量建设提出八项指导意见:"一、明确质量保障建设总体目标;二、加强全面统筹,优化布局结构;三、完善优质教育资源引进机制;四、规范办学过程管理;五、完善质量评价体系;六、加强质量监管和行业自律;七、推动改革创新,加大示范性中外合作办学支持力度;八、强化分级管理。"该文件既是对《教育规划纲要》颁布实施 3 年来高等教育中外合作办学质量建设工作的系统性总结,也为我国中外合作办学项目质量建设的下一步工作指出了明确目标。

(三)规范中外合作办学项目的审批

从批量引进境外教育资源转向聚焦优质,严把资源入口关。在审批过程中,严格控制外国高校的"连锁店办学"。教育部 2014 年下发《关于进一步做好 2014 年下半年本科以上层次中外合作办学项目申报工作的通知》(教外司办学〔2014〕1654号),这是针对"连锁店办学"问题对中外合作办学项目申报工作出台的指导性文件。文件明确指出要"严格控制外国高校'连锁店'办学,对已在华举办了机构或项目的外方合作者,其在办机构或项目需参加并通过我部组织的中外合作办学评估或认证,方可再次申报项目"。

(四)加强对中外合作办学项目的监管

为保证中外合作办学项目的稳定和规范发展,十八大以来,教育部多渠道加强对中外合作办学项目的监管和处罚力度。2013年7月,教育部发布的《关于近期高等学校中外合作办学有关情况的通报》(教外司办学〔2013〕1210号)指出,高等教育中外合作办学存在"外国高校'连锁店办学'"、"中介机构参与包办中外合作办学"、"个别中方高校办学目的不端正、动机不纯"等现象,要求"各地教育行政部门要根据上述情况,结合实际工作,对当前正在开展的有关工作,加强统筹,科学指导,严格把关,以保证中外合作办学工作健康有序的发展"。2014年发布的《教育部办公厅关于4个中外合作办学项目严重违规超规模招生处理结果的通知》(教外厅〔2014〕1号),明确要求"4个项目进行认真整改,并提交整改报告,待办学规模恢复到核定规模后方可正常招生。整改不合格的,将按照《条例》及其实施办法有关规定吊销办学许可证"。

(五)扩大地区和高校开展中外合作办学项目的自主权

2013年浙江省正式启动开展本科及以上中外合作办学项目行政审批改革试点,改革后,浙江省内所有高校(包括浙大)的中外合作办学项目,由浙江省审批即可。这里所提及的"项目",指的是某专业上的中外合作。授权后,截至2016年,浙江省教育厅已批了13个项目,主要是软件、土木工程和通信等专业。

2014年7月,国家教育体制改革领导小组办公室制定《关于进一步落实和扩大高校办学自主权完善高校内部治理结构的意见》(教改办〔2014〕2号),明确提到"开展高校自主确定举办中外合作办学项目试点,支持高校加大引进国外优质教育资源力度"。高校办学自主权的进一步扩大,有利于中外合作办学项目更好地为地方社会经济发展服务。

(六)引导中外合作办学项目机构加强党的建设

坚持立德树人的社会主义办学方向是中外合作办学项目持久发展的力量源泉,是办好中外合作办学项目的根本保证。《意见》明确提出要"加强和改进党对教育对外开放工作的领导。健全教育对外开放的领导体制和工作机制,充分发挥各级党委在教育对外开放战略目标制定、人才培养、干部管理等各项工作中的领导作用"。这为中外合作办学的健康发展提供了强有力的政治保障和精神支持。在《意见》的指导下,各中外合作办学项目机构也清楚认识到党建工作的重要性,积极开展党的建设和思想政治工作的同时,努力探索党建工作新模式,切实发挥党建和思想政治教育在提升中外合作办学人才培养质量过程中的积极作用。

二、十八大以来中外合作办学项目的发展情况

截至 2016 年 12 月 31 日,经教育部批准实施并在办的本科以上层次学历教育的中外合作办学项目共计 982 个。2013—2016 年,在引进一批世界一流大学、创建高起点和示范性二级学院的基础上,全国累计新增本科及以上层次的中外合作办学项目 422 个,各项指标显示我国教育开放的国际化程度显著提升。

(一) 新增中外合作办学项目的总体发展趋势

从图 8-1 可知,2010 年《教育规划纲要》的颁布是中外合作办学的一个转折点,之后每年审批数量逐年增长,且增幅很大,2011—2013 年的发展速度分别为 237.5％、91.4％、36.8％。

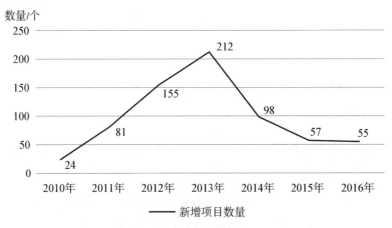

图 8-1　近年来我国中外合作办学项目每年新增项目发展趋势

十八大以后,更加强调"坚持以提高质量为核心的教育发展观,更加注重教育内涵发展",中外合作办学项目由数量扩展的外延式发展转向以质量建设为本的内涵式发展方向,因此在 2013 年中外合作办学项目增速达到顶峰之后逐年递减,2014 年、2015 年、2016 年审批数量分为 98、57、55 个,虽然增长速度比 2012 年和 2013 年有所放缓,但是审批数量仍比2010 年之前的平均水平高 2—4 倍。

(二) 2013—2016 年新增中外合作办学项目的层次和学科分布

如图 8-2 所示,2013—2016 年间,在新发展的 422 个中外合作办学项目中,本科层次的中外合作办学项目增长速度最快,所占比例最高(86%),2013 年增长达到顶峰,之后有所缓解。硕博层次的增速较慢,其中博士层次的中外合作办学项目仍是以个位数在增长。

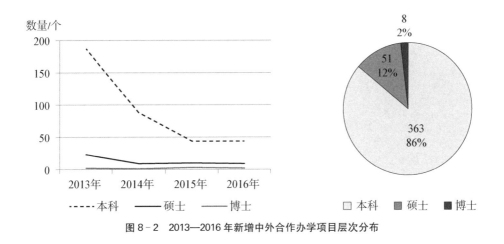

图 8-2 2013—2016 年新增中外合作办学项目层次分布

从图 8-3 和图 8-4 可知,2013—2016 年新增 11 个学科的中外合作办学项目,所涉及的学科以工科为主,占总数的 44%,其次是管理学、艺术学、经济学、教育学、理学、医学、文学、农学、法学等,金融学 2014 年新增 1 项硕士层次的中外合作办学项目。一些项目所涉及的学科专业在全国是首次开办,一些新兴和前沿交叉学科开展合作办学,填补了国内学科的空白。

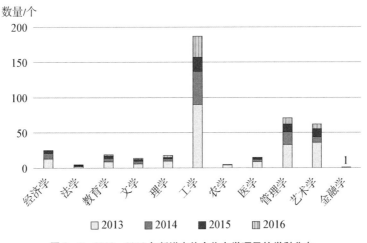

图 8-3 2013—2016 年新增中外合作办学项目的学科分布

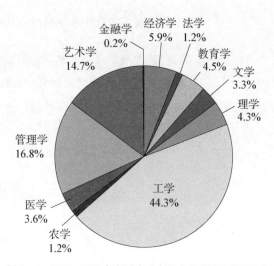

图 8-4　2013—2016 年新增中外合作办学项目的学科汇总

（三）2013—2016 年新增中外合作办学项目的省市分布

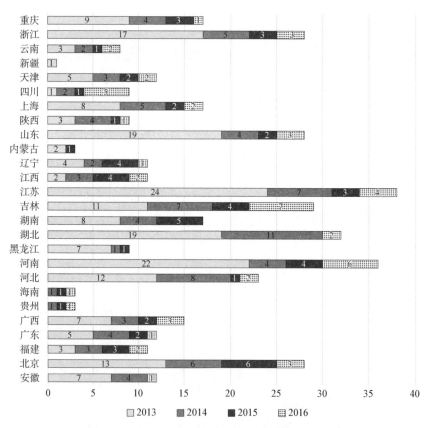

图 8-5　2013—2016 年新增中外合作办学项目省市分布

　中外合作办学可持续发展研究

如图 8 - 5 所示,十八大以来,全国共有 26 个省市新增了中外合作办学项目,其中江苏省的中外合作办学项目增长速度最快,其次是河南、湖北、山东等地。近年来国家对中西部地区中外合作办学给予政策倾斜,中西部地区中外合作办学项目增速也明显增加,2013—2016 年间支持中西部省份①举办了 199 个项目,占十八大以来新增项目总数的 47%,并且新疆维吾尔自治区在 2013 年实现了中外合作办学项目零的突破。

同时,十八大以来也极为重视推动东部地区中外合作办学基础比较好的高校举办高水平的中外合作办学项目和机构,发挥引领和示范作用,从图 8 - 5 中可以看出,近年来中外合作办学项目发展数量较多的省市多为东部沿海或中部经济、交通发达地区。

---

① 中部省份:河南、湖北、湖南、江西、山西、内蒙古;西部省份:陕西、宁夏、甘肃、四川、重庆、贵州、广西、云南、西藏、青海、新疆

附录二 十八大以来中外合作办学部分重要工作文件

文件出台时间	文件名称及文号
2012 年 3 月	《教育部办公厅关于加强涉外办学规范管理的通知》(教外厅〔2012〕2 号)
2013 年 7 月	《教育部关于近期高等学校中外合作办学有关情况的通报》(教外司办学〔2013〕1210 号)
2013 年 8 月	《教育部关于公布 2013 年上半年中外合作办学项目审批结果的通知》(教外办学函〔2013〕36 号)
2013 年 12 月	《教育部关于进一步加强高等学校中外合作办学质量保障工作的意见》(教外办学〔2013〕91 号)
2014 年 1 月	《教育部关于公布 2013 年下半年中外合作办学项目审批结果的通知》(教外办学函〔2014〕5 号)
2014 年 3 月	《教育部办公厅关于 4 个中外合作办学项目严重违规超规模招生处理结果的通知》(教外厅〔2014〕1 号)
2014 年 3 月	《关于部分中外合作办学项目违规超规模招生处理办法的函》(教外办学〔2014〕424 号)
2014 年 8 月	《教育部关于公布 2014 年上半年中外合作办学项目审批结果的通知》(教外办学〔2014〕67 号)
2014 年 9 月	《关于进一步做好 2014 年下半年本科及以上层次中外合作办学项目申报工作的通知》(教外司办学〔2014〕1654 号)
2015 年 1 月	《教育部关于公布 2014 年下半年中外合作办学项目审批结果的通知》(教外办学函〔2015〕10 号)
2015 年 8 月	教育部《关于进一步加强中外合作办学监管工作的通知》(教外司办学〔2015〕1588 号)
2015 年 12 月	《教育部关于公布 2015 年上半年中外合作办学项目审批结果的通知》(教外办学〔2015〕57 号)
2016 年 2 月	《关于进一步做好 2016 年中外合作办学有关工作的通知》(教外司办学〔2016〕283 号)
2016 年 10 月	关于通报 2016 年本科及以上层次中外合作办学评估结果的通知(教外司办学〔2016〕1826 号)
2017 年 3 月	《关于提交 2016—2017 年度中外合作办学报告的通知》(教外司办学〔2017〕447 号)
2017 年 7 月	《教育部关于公布 2017 年上半年中外合作办学项目审批结果的通知》(教外函〔2017〕67 号)
2017 年 12 月	《关于通报 2017 年本科以上中外合作办学机构和项目评估结果及后续工作的通知》(教外司办学〔2017〕2340 号)
2018 年 1 月	《教育部关于批准 2017 年下半年中外合作办学项目的通知》(教外函〔2018〕8 号)
2018 年 3 月	《关于开展 2018 年中外合作办学评估工作的通知》(教外司办学〔2018〕613 号)
2018 年 6 月	《教育部办公厅关于批准部分中外合作办学机构和项目终止的通知》(教外厅函〔2018〕39 号)
2018 年 8 月	《教育部关于批准 2018 年上半年中外合作办学项目的通知》(教外函〔2018〕59 号)

文件出台时间	文件名称及文号
2018 年 12 月	《关于开展 2019 年中外合作办学项目合格性评估工作的通知》(教外司办学〔2018〕2907 号)
2019 年 2 月	《关于开展 2019 年中外合作办学现场评估工作的通知》(教外司办学〔2019〕341 号)
2019 年 3 月	《教育部关于批准 2018 年下半年中外合作办学项目的通知》(教外函〔2019〕22 号)
2019 年 8 月	《教育部关于批准 2019 年上半年中外合作办学项目的通知》(教外函〔2019〕55 号)
2020 年 1 月	《关于开展 2020 年中外合作办学评估工作的通知》(教外司办学〔2020〕14 号)
2020 年 3 月	《教育部关于批准 2019 年下半年中外合作办学项目的通知》(教外函〔2020〕7 号)

附录三　本书统计表列表

统计表编号	统计表名称
表 2 - 1	2016 年本科及以上中外合作办学项目招生方式
表 2 - 2	2016 年本科及以上中外合作办学项目学位授予情况
表 3 - 1	2016 年中外合作办学项目招生率分布表
表 3 - 2	2016 年中外合作办学项目的各层次项目的在校生数与招生数
表 3 - 3	2016 年中外合作办学项目各省市自治区招生人数及招生率
表 3 - 4	2015 年与 2016 年不同招生方式项目数
表 3 - 5	2016 年中外合作办学项目录取批次统计表
表 3 - 6	2016 年中外合作办学项目与非中外合作办学项目同专业本科招生分差分布
表 3 - 7	2016 年中外合作办学项目办学形式统计表
表 3 - 8	2016 年不同层次中外合作办学项目毕业生去向
表 3 - 9	2016 年各省市中外合作办学项目毕业生去向
表 3 - 10	2016 年各省市中外合作办学项目本科毕业生深造比例
表 3 - 11	2016 年中外合作办学项目境外深造率较高的项目
表 3 - 12	2016 年中外合作办学项目学位授予情况
表 3 - 13	2016 年中外合作办学不同层次项目学位授予情况
表 4 - 1	2016 年中外合作办学项目教师性别比例
表 4 - 2	2016 年中外合作办学项目教师年龄分布
表 4 - 3	2016 年中外合作办学项目教师学历层次分布
表 4 - 4	2016 年中外合作办学项目教师职称结构
表 4 - 5	2016 年中外合作办学项目教师教学年限分布
表 4 - 6	2016 年中外合作办学项目的教师专业分布
表 4 - 7	2016 年中外合作办学项目教师的地区差异
表 4 - 8	2015 年与 2016 年中外合作办学项目教师性别比例
表 4 - 9	2015 年与 2016 年中外合作办学项目教师年龄分布
表 4 - 10	2015 年与 2016 年中外合作办学项目教师工作年限分布
表 4 - 11	2016 年中外合作办学项目大陆/境外教师比例
表 4 - 12	2016 年境外教师总数在各层次办学项目中的分布
表 4 - 13	2016 年中外合作办学项目境外教师性别比例分布

统计表编号	统计表名称
表 4－14	2016 年不同层次中外合作办学项目境外教师的年龄分布
表 4－15	2016 年不同层次中外合作办学项目境外教师的学历分布
表 4－16	2016 年不同层次中外合作办学项目境外教师的职称分布
表 4－17	2016 不同层次中外合作办学项目境外教师工作年限分布
表 4－18	2016 年不同层次中外合作办学项目境外教师拥有教师资格情况
表 4－19	2016 年中外合作办学项目境外教师在其他机构任职情况
表 4－20	2016 年不同层次中外合作办学项目境外教师聘用标准
表 4－21	2016 年不同层次中外合作办学项目境外教师的来源分布
表 4－22	2016 年不同层次中外合作办学项目境外教师的专业分布
表 4－23	2016 年各省份中外合作办学项目境外教师分布情况
表 4－24	2015 年与 2016 年境外教师年龄分布
表 4－25	2015 年与 2016 年中外合作办学项目境外教师的学历分布
表 4－26	2015 年与 2016 年中外合作办学项目境外教师职称分布
表 6－1	2016 年中外合作办学项目公开数据中评估情况
表 6－2	2016 年中外合作办学项目公开数据中通过中外双方评估项目
表 6－3	2016 年中外合作办学项目公开数据中通过外方评估项目
表 6－4	2016 年中方合作院校获得认证的中外合作办学项目
表 6－5	2016 年外方合作院校获得认证的中外合作办学项目
表 6－6	2016 年双方合作院校均获得认证的中外合作办学项目
表 6－7	2016 年合作办学项目与非合作办学项目同一专业收费金额对照
表 7－1	2016 年在办与新批中外合作办学项目情况对比

附录四　本书统计图列表

统计图编号	统计图名称
图 2-1	2016 年我国各省市自治区本科及以上层次中外合作办学项目数量
图 2-2	2016 年我国各类型高校举办本科及以上层次中外合作办学项目数量
图 2-3	2016 年我国中外合作办学项目数量位居前列的合作国家和地区
图 2-4	2016 年我国中外合作办学项目学科专业分布情况
图 2-5	2016 年我国各省市区新批本科及以上层次中外合作办学项目数量
图 2-6	2016 年我国新批本科及以上层次中外合作办学项目学科分类情况
图 2-7	2016 年我国新批本科及以上层次中外合作办学项目合作国家与地区分布情况
图 2-8	2016 年我国新批本科及以上层次中外合作办学项目的招生方式
图 2-9	2016 年我国新批本科及以上层次中外合作办学项目的学位授予方式
图 3-1	2015 年与 2016 年各层次中外合作办学项目招生人数对比
图 3-2	2016 年中外合作办学不同招生方式项目数
图 3-3	文科类项目本科招生的合作办学与非中外合作办学高校分差
图 3-4	理科类项目本科招生的合作办学与非中外合作办学高校分差
图 3-5	2016 年中外合作办学项目毕业生毕业去向
图 3-6	2015 年与 2016 年毕业率对比图
图 4-1	2016 年中外合作办学项目教师教学年限分布
图 4-2	2016 年各省市中外合作办学项目教师人数分布
图 4-3	2015 年与 2016 年中外合作办学项目教师学历层次分布
图 4-4	2015 年与 2016 年中外合作办学项目教师职称分布
图 4-5	2015 年与 2016 年中外合作办学项目教师工作年限分布
图 4-6	2016 年不同层次中外合作办学项目境外教师来源地分布
图 4-7	2015 年与 2016 年境外教师年龄分布对比
图 4-8	2015 年与 2016 年境外教师来源分布
图 4-9	YF 大学外籍教师教师招聘流程
图 5-1	2016 年中外合作办学项目的课程各类开课方式情况比较
图 5-2	2016 年中外合作办学项目的课程各类开课方式占比情况
图 5-3	2016 年中外合作办学项目共同开发课程的类别比较
图 5-4	2016 年中外合作办学项目共同开发课程的各类别占比情况

统计图编号	统计图名称
图 5 - 5	2016 年中外合作办学项目境外教师授课时数分布情况
图 5 - 6	2016 年中外合作办学项目境外教师授课时数占比情况
图 5 - 7	2016 年中外合作办学项目境外教师授课周数情况
图 5 - 8	2016 年中外合作办学项目境外教师授课周数占比情况
图 5 - 9	2016 年中外合作办学项目引进外方课程各类别数量
图 5 - 10	2016 年中外合作办学项目引进外方课程各类别占比情况
图 5 - 11	2016 年中外合作办学项目教材使用语言情况
图 5 - 12	2016 年中外合作办学项目教材使用语言的占比情况
图 5 - 13	2016 年中外合作办学项目课程授课语言的情况
图 5 - 14	2016 年中外合作办学项目课程授课语言的占比情况
图 6 - 1	中方获得认证的项目分布
图 6 - 2	中方获得认证的国家分布
图 6 - 3	外方获得认证项目占比
图 6 - 4	外方获得认证所在国占比
图 6 - 5	2015 与 2016 年度全国中外合作办学项目(本科)按专业划分收费标准对比
图 6 - 6	2015 年与 2016 年度合作与非合作办学本科项目同一专业收费标准对比分析
图 6 - 7	2016 年中外合作办学与同类型非合作办学本科专业学费倍率分布情况
图 6 - 8	2016 年本科学历中外合作办学项目全国各省市学费收费情况分布
图 6 - 9	2016 年中外合作办学项目学费区间分布图
图 6 - 10	S 大学与英国 N 大学 J 专业本科合作办学项目 2016 年度支出结构分布
图 6 - 11	2016 年全国中外合作办学项目盈亏情况分析
图 6 - 12	2015 年度中外合作办学 S 市项目整体盈亏情况
图 6 - 13	2016 年度中外合作办学 S 市项目整体盈亏情况
图 8 - 1	近年来我国中外合作办学项目每年新增项目发展趋势
图 8 - 2	2013—2016 年新增中外合作办学项目层次分布
图 8 - 3	2013—2016 年新增中外合作办学项目的学科分布
图 8 - 4	2013—2016 年新增中外合作办学项目的学科汇总
图 8 - 5	2013—2016 年新增中外合作办学项目省市分布

附件五　2016年教育部新批准本科及以上中外合作办学项目

2016年教育部共批准55个本科及以上中外合作办学项目,其中包括2个博士项目、9个硕士项目和44个本科项目,涉及22个省市区和9个专业门类,其中工学类、管理学类和艺术学类专业本科及以上中外合作办学新增项目数量继续位列前三,分别有30个、9个和7个。

序号	项 目 名 称	学历层次	地区	批准书编号
1	福州大学与台湾元智大学合作举办电气工程专业博士研究生教育项目	博士	福建	MOE34TW1A20161791N
2	福州大学与意大利罗马第三大学、意大利巴里理工大学合作举办土木工程博士研究生教育项目	博士	福建	MOE35IT1A20161823N
3	清华大学与新加坡管理大学合作举办会计专业硕士研究生教育项目	硕士	北京	MOE11SG1A20161797N
4	华东师范大学与法国里昂商学院合作举办市场营销专业(精品品牌管理方向)硕士研究生教育项目	硕士	上海	MOE31FR1A20161805N
5	西南政法大学与美国凯斯西储大学合作举办法律硕士研究生教育项目	硕士	重庆	MOE50US1A20161824N
6	南京工业大学与法国勃艮第大学关于合作举办控制科学与工程(机器视觉)专业硕士研究生教育项目	硕士	江苏	MOE32FR1A20161811N
7	南京师范大学与美国马里兰大学合作举办地理信息科学硕士学位教育项目	硕士	江苏	MOE32US1A20161812N
8	杭州电子科技大学与日本山梨大学合作举办计算机科学与技术专业硕士研究生教育项目	硕士	浙江	MOE33JP1A20161825N
9	山东农业大学与英国切斯特大学合作举办食品加工与安全专业硕士研究生教育项目	硕士	山东	MOE37UK1A20161808N
10	电子科技大学与瑞典皇家理工学院合作举办集成电路工程硕士研究生教育项目	硕士	四川	MOE51SE1A20161769N
11	云南民族大学与印度辨喜瑜伽大学合作举办民族传统体育学专业(瑜伽)硕士研究生教育项目	硕士	云南	MOE53IN1A20161799N
12	北京联合大学与俄罗斯乌拉尔国立交通大学合作举办轨道交通信号与控制专业本科教育项目	本科	北京	MOE11RU2A20161772N
13	北京交通大学与荷兰代尔夫特理工大学合作举办交通运输专业本科教育项目	本科	北京	MOE11NL2A20161798N
14	上海师范大学天华学院与美国威斯康星协和大学合作举办康复治疗学专业本科教育项目	本科	上海	MOE31US2A20161774N

序号	项　目　名　称	学历层次	地区	批准书编号
15	南开大学与法国诺欧商学院合作举办电子商务专业本科教育项目	本科	天津	MOE12FR2A20161801N
16	天津职业技术师范大学与爱尔兰斯莱戈理工学院合作举办电子信息工程专业本科教育项目	本科	天津	MOE12IE2A20161802N
17	无锡太湖学院与美国达拉斯浸会大学合作举办物联网工程专业本科教育项目	本科	江苏	MOE32US2A20161777N
18	苏州大学应用技术学院与美国加州州立大学北岭分校合作举办服装设计与工程专业本科教育项目	本科	江苏	MOE32US2A20161778N
19	湖州师范学院与美国北科罗拉多大学合作举办学前教育专业本科教育项目	本科	浙江	MOE33US2A20161826N
20	宁波工程学院与美国西弗吉尼亚州立大学合作举办信息与计算科学专业本科教育项目	本科	浙江	MOE33US2A20161827N
21	北京师范大学珠海分校与德国柏林斯泰恩拜斯大学合作举办数字媒体技术专业本科教育项目	本科	广东	MOE44DE2A20161822N
22	海南师范大学与俄罗斯圣彼得堡国立电影电视大学合作举办广播电视编导本科教育项目	本科	海南	MOE46RU2A20161820N
23	青岛理工大学与美国堪萨斯大学合作举办土木工程专业本科教育项目	本科	山东	MOE37US2A20161807N
24	烟台大学文经学院与德国梅泽堡应用技术大学合作举办机械设计制造及其自动化专业本科教育项目	本科	山东	MOE37DE2A20161809N
25	南昌理工学院与韩国南部大学合作举办汽车服务工程专业本科教育项目	本科	江西	MOE36KR2A20161776N
26	赣南师范大学与俄罗斯奔萨国立大学合作举办音乐学专业本科教育项目	本科	江西	MOE36RU2A20161810N
27	西南财经大学与法国南特高等商学院合作举办市场营销专业本科教育项目	本科	四川	MOE51FR2A20161770N
28	四川师范大学与莫斯科国立师范大学合作举办绘画专业本科教育项目	本科	四川	MOE51RU2A20161771N
29	西南交通大学与美国俄克拉荷马州立大学合作举办安全工程专业本科教育项目	本科	四川	MOE51US2A20161803N
30	西南财经大学与英国伦敦大学伯贝克学院合作举办国际商务专业本科教育项目	本科	四川	MOE51UK2A20161804N
31	安徽科技学院与韩国顺天乡大学合作举办网络工程专业本科教育项目	本科	安徽	MOE34KR2A20161773N
32	河北师范大学与澳大利亚悉尼科技大学合作举办生物技术专业本科教育项目	本科	河北	MOE13AU2A20161785N
33	北华航天工业学院与美国圣马丁大学合作举办机械设计制造及其自动化专业本科教育项目	本科	河北	MOE13US2A20161786N

序号	项目名称	学历层次	地区	批准书编号
34	郑州航空工业管理学院与波兰华沙人文社科大学合作举办环境设计专业本科教育项目	本科	河南	MOE41PL2A20161782N
35	南阳师范学院与韩国全州大学合作举办广播电视编导专业本科教育项目	本科	河南	MOE41KR2A20161783N
36	黄淮学院与韩国东明大学合作举办动画专业本科教育项目	本科	河南	MOE41KR2A20161784N
37	郑州大学与美国威斯康星大学斯托特分校合作举办机械工程专业本科教育项目	本科	河南	MOE41US2A20161817N
38	河南师范大学与法国佩皮尼昂大学合作举办法语专业本科教育项目	本科	河南	MOE41FR2A20161818N
39	华北水利水电大学与韩国启明大学合作举办环境设计专业本科教育项目	本科	河南	MOE41KR2A20161819N
40	湖北汽车工业学院与法国贝尔福-蒙比利亚工程技术大学合作举办计算机科学与技术专业本科教育项目	本科	湖北	MOE42FR2A20161780N
41	湖北第二师范学院与新西兰南方理工学院合作举办计算机科学与技术专业本科教育项目	本科	湖北	MOE42NZ2A20161781N
42	西北大学与英国埃塞克斯大学合作举办电子信息科学与技术专业本科教育项目	本科	陕西	MOE61UK2A20161806N
43	沈阳工程学院与澳大利亚莫道克大学合作举办电气工程及其自动化专业本科教育项目	本科	辽宁	MOE21AU2A20161775N
44	通化师范学院与韩国岭南大学合作举办食品科学与工程专业本科教育项目	本科	吉林	MOE22KR2A20161779N
45	北华大学与美国康奈尔学院合作举办通信工程专业本科教育项目	本科	吉林	MOE22US2A20161813N
46	吉林师范大学与美国拉特诺大学合作举办电子信息工程专业本科教育项目	本科	吉林	MOE22US2A20161814N
47	吉林化工学院与美国克利夫兰州立大学合作举办机械设计制造及其自动化专业本科教育项目	本科	吉林	MOE22US2A20161815N
48	吉林农业科技学院与韩国庆南大学合作举办机械设计制造及其自动化专业本科教育项目	本科	吉林	MOE22KR2A20161816N
49	吉林建筑大学与美国杨斯顿州立大学合作举办电气工程及其自动化专业本科教育项目	本科	吉林	MOE22US2A20161828N
50	吉林华桥外国语学院与德国慕尼黑应用语言大学合作举办德语专业本科教育项目	本科	吉林	MOE22DE2A20161829N
51	广西财经学院与美国温斯洛普大学合作举办国际商务专业本科教育项目	本科	广西	MOE45US2A20161788N
52	桂林旅游学院与瑞士洛桑酒店管理学院合作举办酒店管理专业本科教育项目	本科	广西	MOE45CH2A20161789N

序号	项 目 名 称	学历层次	地区	批准书编号
53	广西大学与美国东密歇根大学合作举办信息安全专业本科教育项目	本科	广西	MOE45US2A20161821N
54	云南大学与泰国清迈大学合作举办物流管理专业本科教育项目	本科	云南	MOE53TH2A20161800N
55	贵州财经大学与美国马歇尔大学合作举办电子商务专业本科教育项目	本科	贵州	MOE52US2A20161787N

附件六 2017年教育部新批准本科及以上中外合作办学项目

2017年教育部共批准61个本科及以上中外合作办学项目,其中包括6个硕士项目和55个本科项目,涉及20个省市区和9个专业门类,其中工学类专业本科及以上中外合作办学新增项目数量继续占据首位,共有34个,管理学类和艺术学类专业新增项目数量并列第二,各有6个。

序号	项目名称	学历层次	地区	批准书编号
1	兰州大学与德雷塞尔大学合作举办计算机科学与技术专业本科教育项目	本科	甘肃	MOE62US2A20171841N
2	安徽理工大学与韩国东西大学合作举办机械电子工程专业本科教育项目	本科	安徽	MOE34KR2A20171842N
3	北京理工大学与德国英戈尔施塔特应用技术大学合作举办电动汽车与车辆电气化硕士学位教育项目	硕士	北京	MOE11DE1A20171843N
4	石家庄学院与韩国又石大学合作举办制药工程专业本科教育项目	本科	河北	MOE13KR2A20171844N
5	湖北理工学院与美国梅里马克学院合作举办机械设计制造及其自动化专业本科教育项目	本科	湖北	MOE42US2A20171845N
6	中国地质大学(武汉)与加拿大滑铁卢大学合作举办地下水科学与工程专业本科教育项目	本科	湖北	MOE42CA2A20171846N
7	湖北文理学院与加拿大爱德华王子岛大学合作举办食品科学与工程专业本科教育项目	本科	湖北	MOE42CA2A20171847N
8	中南大学与美国加州大学旧金山分校合作举办护理学硕士研究生教育项目	硕士	湖南	MOE43US1A20171848N
9	延边大学与韩国全北大学合作举办食品科学与工程专业本科教育项目	本科	吉林	MOE22KR2A20171849N
10	长春师范大学与美国塞基诺谷州立大学合作举办学前教育专业本科教育项目	本科	吉林	MOE22US2A20171850N
11	通化师范学院与韩国清州大学合作举办生物科学专业本科教育项目	本科	吉林	MOE22KR2A20171851N
12	南京工程学院与芬兰奥卢大学合作举办软件工程专业本科教育项目	本科	江苏	MOE32FI2A20171852N
13	南通大学与澳大利亚阿德莱德大学合作举办建筑学专业本科教育项目	本科	江苏	MOE32AU2A20171853N
14	沈阳理工大学与波兰西里西亚技术大学合作举办化学工程与工艺专业本科教育项目	本科	辽宁	MOE21PL2A20171854N

序号	项目名称	学历层次	地区	批准书编号
15	赤峰学院与波兰罗兹社会科学学院（社会科学大学）合作举办人文地理与城乡规划专业本科教育项目	本科	内蒙古	MOE15PL2A20171855N
16	华东理工大学与奥地利莱奥本矿业大学合作举办高分子材料与工程专业本科教育项目	本科	上海	MOE31AT2A20171856N
17	上海交通大学与新加坡国立大学合作举办数量金融硕士学位教育项目	硕士	上海	MOE31SG1A20171857N
18	浙江外国语学院与西班牙萨拉戈萨大学合作举办西班牙语专业本科教育项目	本科	浙江	MOE33ES2A20171858N
19	四川美术学院与意大利米兰新美术学院合作举办环境设计专业本科教育项目	本科	重庆	MOE50IT2A20171859N
20	重庆邮电大学与英国伦敦布鲁内尔大学合作举办通信工程专业本科教育项目	本科	重庆	MOE50UK2A20171860N
21	河南农业大学与美国爱荷华州立大学合作举办食品科学与工程专业本科教育项目	本科	河南	MOE41US2A20171861N
22	河南科技大学与俄罗斯托木斯克理工大学合作举办自动化专业本科教育项目	本科	河南	MOE41RU2A20171862N
23	郑州师范学院与白俄罗斯国立文化艺术大学合作举办音乐学专业本科教育项目	本科	河南	MOE41BY2A20171863N
24	许昌学院与加拿大卡普顿大学合作举办人力资源管理专业本科教育项目	本科	河南	MOE41CA2A20171864N
25	周口师范学院与马来西亚博特拉大学合作举办环境设计专业本科教育项目	本科	河南	MOE41MY2A20171865N
26	安阳师范学院与美国库克学院合作举办会计学专业本科教育项目	本科	河南	MOE41US2A20171866N
27	郑州大学与美国威斯康星大学普拉特维尔分校合作举办土木工程专业本科教育项目	本科	河南	MOE41US2A20171867N
28	北京师范大学与加拿大萨斯喀彻温大学合作举办水安全专业硕士学位教育项目	硕士	北京	MOE11CA1A20171870N
29	中国社会科学院研究生院与美国杜兰大学合作举办能源管理专业硕士学位教育项目	硕士	北京	MOE11US1A20171871N
30	北京外国语大学与英国基尔大学合作举办外交学专业本科教育项目	本科	北京	MOE11UK2A20171873N
31	华东理工大学与德国勃兰登堡工业大学合作举办生物工程专业本科教育项目	本科	上海	MOE31DE2A20171890N
32	重庆医科大学与英国莱斯特大学合作举办临床医学专业本科教育项目	本科	重庆	MOE50UK2A20171901N
33	重庆文理学院与美国北卡罗莱纳大学威尔明顿分校合作举办数学与应用数学专业本科教育项目	本科	重庆	MOE50US2A20171902N

序号	项目名称	学历层次	地区	批准书编号
34	常熟理工学院与英国利物浦约翰摩尔大学合作举办电子信息工程专业本科教育项目	本科	江苏	MOE32UK2A20171883N
35	扬州大学与英国赫尔大学合作举办护理学专业本科教育项目	本科	江苏	MOE32UK2A20171884N
36	福建师范大学与英国哈德斯菲尔德大学合作举办通信工程专业本科教育项目	本科	福建	MOE35UK2A20171874N
37	潍坊科技学院与德国巴特洪堡应用技术大学合作举办市场营销专业本科教育项目	本科	山东	MOE37DE2A20171887N
38	河北金融学院与波兰科依敏斯基大学合作举办财务管理专业本科教育项目	本科	河北	MOE13PL2A20171875N
39	新乡医学院与意大利都灵大学合作举办医学影像技术专业本科教育项目	本科	河南	MOE41IT2A20171894N
40	河南师范大学与美国威斯康星大学奥什科什分校合作举办电气工程及其自动化专业本科教育项目	本科	河南	MOE41US2A20171895N
41	新乡学院与美国贝佩丝大学合作举办生物技术专业本科教育项目	本科	河南	MOE41US2A20171896N
42	华北水利水电大学与韩国仁荷大学合作举办物流管理专业本科教育项目	本科	河南	MOE41KR2A20171897N
43	商丘师范学院与加拿大布兰登大学合作举办软件工程专业本科教育项目	本科	河南	MOE41CA2A20171898N
44	信阳师范学院与美国宾夕法尼亚州立米勒斯维尔大学合作举办经济学专业本科教育项目	本科	河南	MOE41US2A20171899N
45	洛阳师范学院与白俄罗斯国立师范大学合作举办音乐学专业本科教育项目	本科	河南	MOE41BY2A20171900N
46	武汉大学与爱尔兰都柏林城市大学合作举办软件工程专业工程硕士项目	硕士	湖北	MOE42IE1A20171872N
47	湖南师范大学与英国中央兰开夏大学合作举办体育教育专业本科教育项目	本科	湖南	MOE43UK2A20171878N
48	湖南农业大学与美国夏威夷大学马诺阿分校合作举办食品科学与工程专业本科教育项目	本科	湖南	MOE43US2A20171879N
49	湖南工商大学与英国西伦敦大学合作举办会计学专业本科教育项目	本科	湖南	MOE43UK2A20171880N
50	长安大学与爱尔兰都柏林大学合作举办道路桥梁与渡河工程专业本科教育项目	本科	陕西	MOE61IE2A20171888N
51	西安外国语大学与阿联酋沙迦大学合作举办阿拉伯语专业本科教育项目	本科	陕西	MOE61AE2A20171889N
52	东北林业大学与英国阿斯顿大学合作举办工程管理专业本科教育项目	本科	黑龙江	MOE23UK2A20171876N

序号	项 目 名 称	学历层次	地区	批准书编号
53	黑龙江工程学院与芬兰卡累利阿应用科技大学合作举办能源与动力工程专业本科教育项目	本科	黑龙江	MOE23FI2A20171877N
54	东北大学与法国图卢兹第三大学合作举办材料科学与工程专业本科教育项目	本科	辽宁	MOE21FR2A20171885N
55	沈阳化工大学与俄罗斯国家研究型大学-伊尔库茨克国立理工大学合作举办能源与动力工程专业本科教育项目	本科	辽宁	MOE21RU2A20171886N
56	吉林动画学院与新西兰媒体设计学院合作举办动画专业本科教育项目	本科	吉林	MOE22NZ2A20171881N
57	吉林工程技术师范学院与韩国庆一大学合作举办电气工程及其自动化专业本科教育项目	本科	吉林	MOE22KR2A20171882N
58	云南大学与美国密歇根理工大学合作举办视觉传达设计专业本科教育项目	本科	云南	MOE53US2A20171891N
59	西南林业大学与俄罗斯南乌拉尔国立大学合作举办机械电子工程专业本科教育项目	本科	云南	MOE53RU2A20171892N
60	昆明理工大学与美国阿肯色大学（费耶特维尔）合作举办物流工程专业本科教育项目	本科	云南	MOE53US2A20171893N
61	贵州理工学院与英国贝德福特大学合作举办电气工程及其自动化专业本科教育项目	本科	贵州	MOE52UK2A20171903N

附件七　2018年教育部新批准本科及以上中外合作办学项目

2018年教育部共批准58个本科及以上中外合作办学项目,其中包括1个博士项目、11个硕士项目和46个本科项目,涉及22个省市区和9个专业门类,其中工学类和艺术学类专业本科及以上中外合作办学新增项目数量位列前两位,分别有32个和9个。

序号	项目名称	学历层次	地区	批准书编号
1	大连理工大学与加州大学欧文分校合作举办机械设计制造及其自动化专业本科教育项目	本科	辽宁	MOE21US2A20181904N
2	东北大学与美国德克萨斯大学阿灵顿分校合作举办软件工程专业硕士研究生教育项目	硕士	辽宁	MOE21US1A20181905N
3	河北工业大学与美国佛罗里达国际大学合作举办电气工程及其自动化专业本科合作办学教育项目	本科	河北	MOE13US2A20181906N
4	湖南师范大学与美国特拉华大学合作举办学科教学(英语)硕士研究生教育项目	硕士	湖南	MOE43US1A20181907N
5	湖南文理学院与美国科罗拉多州立大学普韦布洛分校合作举办机械设计制造及其自动化专业本科教育项目	本科	湖南	MOE43US2A20181908N
6	邵阳学院与美国罗文大学合作举办机械设计制造及其自动化专业本科教育项目	本科	湖南	MOE43US2A20181909N
7	江西理工大学与加拿大劳伦森大学合作举办采矿工程专业本科教育项目	本科	江西	MOE36CA2A20181910N
8	江西师范大学与美国海波特大学合作举办视觉传达设计专业本科教育项目	本科	江西	MOE36US2A20181911N
9	南京航空航天大学与英国克兰菲尔德大学合作举办航空工程(航空制造)专业硕士研究生教育项目	硕士	江苏	MOE32UK1A20181912N
10	淮阴工学院与芬兰于韦斯屈莱应用科技大学合作举办物流工程专业本科教育项目	本科	江苏	MOE32FI2A20181913N
11	沈阳航空航天大学与美国南伊利诺伊大学卡本代尔分校合作举办飞行器动力工程专业本科教育项目	本科	辽宁	MOE21US2A20181914N
12	长春中医药大学与韩国大邱韩医大学合作举办生物制药专业本科教育项目	本科	吉林	MOE22KR2A20181915N
13	长春理工大学与韩国大邱大学合作举办生物工程专业本科教育项目	本科	吉林	MOE22KR2A20181916N
14	重庆科技学院与芬兰哈格-赫利尔应用科技大学合作举办物流管理专业本科教育项目	本科	重庆	MOE50FI2A20181917N

序号	项目名称	学历层次	地区	批准书编号
15	河南理工大学与韩国釜山大学合作举办电子信息工程专业本科教育项目	本科	河南	MOE41KR2A20181918N
16	郑州航空工业管理学院与英国高地与群岛大学合作举办飞行器设计与工程专业本科教育项目	本科	河南	MOE41UK2A20181919N
17	河南师范大学与白俄罗斯国立体育大学合作举办体育教育专业本科教育项目	本科	河南	MOE41BY2A20181920N
18	河南中医药大学与意大利锡耶纳大学合作举办护理学专业本科教育项目	本科	河南	MOE41IT2A20181921N
19	河南科技大学与美国爱达荷州立大学合作举办机械电子工程专业本科教育项目	本科	河南	MOE41US2A20181922N
20	温州医科大学与泰国东方大学合作举办护理学专业硕士学位教育项目	硕士	浙江	MOE33TH1A20181923N
21	中国美术学院与法国南特大西洋设计学校合作举办艺术专业硕士学位教育项目	硕士	浙江	MOE33FR1A20181924N
22	浙江科技学院与法国赛尔齐·蓬多瓦兹大学合作举办数据科学与大数据技术专业本科教育项目	本科	浙江	MOE33FR2A20181925N
23	中央民族大学与爱尔兰国立科克大学合作举办环境科学专业本科教育项目	本科	北京	MOE11IE2A20181936N
24	河北美术学院与韩国湖南大学合作举办风景园林专业本科教育项目	本科	河北	MOE13KR2A20181940N
25	内蒙古财经大学与美国内布拉斯加大学卡尼尔分校合作举办金融学专业本科教育项目	本科	内蒙古	MOE15US2A20181971N
26	东北大学与英国邓迪大学合作举办生物医学工程专业本科教育项目	本科	辽宁	MOE21UK2A20181952N
27	吉林师范大学与爱尔兰卡洛理工学院合作举办视觉传达设计专业本科教育项目	本科	吉林	MOE22IE2A20181948N
28	上海立信会计金融学院与美国新泽西理工学院合作举办金融工程专业本科教育项目	本科	上海	MOE31US2A20181957N
29	江苏科技大学与俄罗斯奥加辽夫莫尔多瓦国立大学合作举办能源动力专业硕士研究生教育项目	硕士	江苏	MOE32RU1A20181949N
30	南通大学与意大利锡耶纳"R. 弗朗齐"音乐学院合作举办音乐表演专业本科教育项目	本科	江苏	MOE32IT2A20181950N
31	苏州大学文正学院与美国爱达荷大学合作举办物联网工程专业本科教育项目	本科	江苏	MOE32US2A20181951N
32	温州医科大学与韩国全南国立大学合作举办药学专业博士学位教育项目	博士	浙江	MOE33KR1A20181963N
33	宁波工程学院与韦恩州立大学合作举办机械设计制造及其自动化专业本科教育项目	本科	浙江	MOE33US2A20181964N

序号	项目名称	学历层次	地区	批准书编号
34	浙江理工大学与美国纽约州立大学时装技术学院合作举办视觉传达设计专业本科教育项目	本科	浙江	MOE33US2A20181965N
35	中国计量大学现代科技学院与美国西新英格兰大学合作举办机械电子工程专业本科教育项目	本科	浙江	MOE33US2A20181966N
36	浙江财经大学与新西兰奥克兰理工大学合作举办应用金融学专业硕士学位教育项目	硕士	浙江	MOE33NZ1A20181967N
37	宿州学院与美国卡斯尔顿大学合作举办生物技术专业本科教育项目	本科	安徽	MOE34US2A20181933N
38	泉州信息工程学院与美国宾州滑石大学合作举办软件工程专业本科教育项目	本科	福建	MOE35US2A20181938N
39	山东农业大学与美国杜鲁门州立大学合作举办动物科学专业本科教育项目	本科	山东	MOE37US2A20181953N
40	青岛科技大学与英国布拉德福德大学合作举办动画专业本科教育项目	本科	山东	MOE37UK2A20181954N
41	曲阜师范大学与韩国水原大学合作举办音乐表演专业本科教育项目	本科	山东	MOE37KR2A20181955N
42	安阳工学院与荷兰布雷达应用科技大学合作举办城乡规划专业本科教育项目	本科	河南	MOE41NL2A20181941N
43	南阳理工学院与英国北安普顿大学合作举办电气工程及其自动化专业本科教育项目	本科	河南	MOE41UK2A20181942N
44	周口师范学院与美国佐治亚西南州立大学合作举办网络工程专业本科教育项目	本科	河南	MOE41US2A20181943N
45	洛阳师范学院与美国阿克伦大学合作举办小学教育专业本科教育项目	本科	河南	MOE41US2A20181944N
46	中南财经政法大学与意大利罗马第一大学合作举办欧洲学：比较法与欧洲法硕士学位教育项目	硕士	湖北	MOE42IT1A20181945N
47	湖南农业大学与美国威斯康星大学白水分校合作举办农林经济管理专业本科教育项目	本科	湖南	MOE43US2A20181946N
48	长沙理工大学与美国内华达大学拉斯维加斯分校合作举办电气工程及其自动化专业本科教育项目	本科	湖南	MOE43U2A20181947N
49	华南理工大学与意大利都灵理工大学合作举办建筑学专业（城市设计方向）硕士教育项目	硕士	广东	MOE44IT2A20181939N
50	重庆第二师范学院与西班牙埃斯特雷马杜拉大学合作举办食品质量与安全专业本科教育项目	本科	重庆	MOE50ES2A20181934N
51	西南大学与美国密苏里州立大学合作举办植物科学与技术专业本科教育项目	本科	重庆	MOE50US2A20181935N
52	四川理工学院与美国圣弗朗西斯大学合作举办视觉传达设计专业本科教育项目	本科	四川	MOE51US2A20181958N

序号	项 目 名 称	学历层次	地区	批准书编号
53	电子科技大学与加拿大麦吉尔大学合作举办生物医学工程-神经科学硕士学位教育项目	硕士	四川	MOE51CA1A20181959N
54	贵州大学与英国林肯大学合作举办旅游管理专业本科教育项目	本科	贵州	MOE52UK2A20181968N
55	昆明理工大学与美国爱达荷大学合作举办土木工程专业本科教育项目	本科	云南	MOE53US2A20181961N
56	云南大学与加拿大维多利亚大学合作举办环境设计专业本科教育项目	本科	云南	MOE53CA2A20181962N
57	西安交通大学与意大利米兰理工大学合作举办建筑学专业古迹与遗址保护方向硕士研究生教育项目	硕士	陕西	MOE61IT1A20181956N
58	新疆农业大学与俄罗斯托木斯克国立建筑大学合作举办土木工程专业本科教育项目	本科	新疆	MOE65RU2A20181960N

附件八　2019年教育部新批准本科及以上中外合作办学项目

2019年教育部共批准74个本科及以上中外合作办学项目,其中包括3个博士项目、9个硕士项目和62个本科项目,涉及25个省市自治区和10个专业门类,其中工学类、理学类和艺术学类专业本科及以上中外合作办学新增项目数量位列前三,分别有33、12个和9个。

序号	项 目 名 称	学历层次	地区	批准书编号
1	中国政法大学与美国圣路易斯华盛顿大学合作举办国际法专业硕士研究生教育项目	硕士	北京	MOE11US1A20191981N
2	河北美术学院与意大利米兰ACME美术学院合作举办服装与服饰设计专业本科教育项目	本科	河北	MOE13IT2A20191982N
3	河北科技大学与韩国祥明大学合作举办产品设计专业本科教育项目	本科	河北	MOE13KR2A20191983N
4	华北理工大学与俄罗斯托木斯克国立大学合作举办化学专业本科教育项目	本科	河北	MOE13RU2A20191984N
5	长春理工大学与英国西苏格兰大学合作举办光电信息科学与工程(工)专业本科教育项目	本科	吉林	MOE22UK2A20191985N
6	吉林农业科技学院与韩国中部大学合作举办动物医学专业本科教育项目	本科	吉林	MOE22KR2A20191986N
7	长春大学与韩国青云大学合作举办电子信息工程专业本科教育项目	本科	吉林	MOE22KR2A20191987N
8	哈尔滨工业大学(威海校区)与英国思克莱德大学合作举办船舶与海洋工程专业本科教育项目	本科	黑龙江	MOE23UK2A20191988N
9	哈尔滨工程大学与英国阿伯丁大学合作举办土木工程专业本科教育项目	本科	黑龙江	MOE23UK2A20191989N
10	浙江理工大学与美国北卡罗莱纳州立大学合作举办服装设计与工程专业硕士研究生教育项目	硕士	浙江	MOE33US1A20191990N
11	宁波大学科学技术学院与美国朱尼亚塔学院合作举办广告学专业本科教育项目	本科	浙江	MOE33US2A20191991N
12	福建师范大学与意大利卡塔尼亚大学合作举办体育教育专业本科教育项目	本科	福建	MOE35IT2A20191992N
13	南昌航空大学与爱尔兰国家学院合作举办网络工程专业本科教育项目	本科	江西	MOE36IE2A20191993N
14	江西理工大学与俄罗斯阿穆尔共青城国立大学合作举办电子科学与技术专业本科教育项目	本科	江西	MOE36RU2A20191994N

序号	项 目 名 称	学历层次	地区	批准书编号
15	赣南医学院与美国林肯纪念大学合作举办生物技术专业本科教育项目	本科	江西	MOE36US2A20191995N
16	鲁东大学与意大利那不勒斯帕萨诺普大学合作举办社会体育指导与管理专业本科教育项目	本科	山东	MOE37IT2A20191996N
17	河南科技学院与乌克兰苏梅国立农业大学合作举办动物医学专业本科教育项目	本科	河南	MOE41UA2A20191997N
18	河南牧业经济学院与澳大利亚霍尔姆斯学院合作举办物流管理专业本科教育项目	本科	河南	MOE41AU2A20191998N
19	南阳师范学院与泰国曼谷皇家理工大学合作举办化学专业本科教育项目	本科	河南	MOE41TH2A20191999N
20	郑州科技学院与芬兰东南应用科技大学合作举办电气工程及其自动化专业本科教育项目	本科	河南	MOE41FI2A20192000N
21	湖南理工学院与韩国湖西大学合作举办应用化学专业本科教育项目	本科	湖南	MOE43KR2A20192001N
22	长沙理工大学与马来西亚马来亚大学合作举办机械设计制造及其自动化专业本科教育项目	本科	湖南	MOE43MY2A20192002N
23	湖南第一师范学院与美国尼亚加拉大学合作举办学前教育专业本科教育项目	本科	湖南	MOE43US2A20192003N
24	佛山科学技术学院与德国特里尔应用技术大学合作举办环境工程专业本科教育项目	本科	广东	MOE44DE2A20192004N
25	广西师范大学与韩国韩瑞大学合作举办视觉传达设计专业本科教育项目	本科	广西	MOE44KR2A20192005N
26	海南师范大学与美国德保罗大学合作举办学前教育专业本科教育项目	本科	海南	MOE46US2A20192006N
27	重庆师范大学与英国知山大学合作举办生物科学专业本科教育项目	本科	重庆	MOE50UK2A20192007N
28	贵州大学与美国西卡罗莱纳大学合作举办信息管理与信息系统专业本科教育项目	本科	贵州	MOE52US2A20192008N
29	云南大学与英国思克莱德大学合作举办土木工程专业本科教育项目	本科	云南	MOE53UK2A20192009N
30	西北师范大学与英国南威尔士大学合作举办化学专业本科教育项目	本科	甘肃	MOE62UK2A20192010N
31	中国农业大学与美国康奈尔大学合作举办食品科学与工程专业本科教育项目	本科	北京	MOE11US2A20192016N
32	中国农业大学与美国康奈尔大学合作举办食品质量与安全专业本科教育项目	本科	北京	MOE11US2A20192017N
33	北京国家会计学院与香港城市大学合作举办智能会计与金融科技应用理学硕士学位教育项目	硕士	北京	MOE11HK1N20192018N

序号	项 目 名 称	学历层次	地区	批准书编号
34	中国社会科学院大学与英国斯特灵大学合作举办创新与领导力博士学位教育项目	博士	北京	MOE11UK1N20192019N
35	天津外国语大学与保加利亚国家与世界经济大学合作举办经济学专业本科教育项目	本科	天津	MOE12BGR2A20192020N
36	太原理工大学与澳大利亚伍伦贡大学合作举办机械设计制造及其自动化专业本科教育项目	本科	山西	MOE14AU2A20192021N
37	大连工业大学与英国格林多大学合作举办机械电子工程专业本科教育项目	本科	辽宁	MOE21UK2A20192022N
38	辽宁中医药大学与新西兰 Ara 坎特伯雷学院合作举办护理学专业本科教育项目	本科	辽宁	MOE21NZ2A20192023N
39	长春工程学院与美国新墨西哥州立大学合作举办电气工程及其自动化专业本科教育项目	本科	吉林	MOE22US2A20192024N
40	东北电力大学与美国埃文斯维尔大学合作举办土木工程专业本科教育项目	本科	吉林	MOE22US2A20192025N
41	吉林医药学院与韩国建阳大学合作举办生物制药专业本科教育项目	本科	吉林	MOE22KR2A20192026N
42	吉林农业大学与美国西肯塔基大学合作举办动物科学专业本科教育项目	本科	吉林	MOE22US2A20192027N
43	哈尔滨工业大学与美国亚利桑那大学合作举办管理信息系统硕士学位教育项目	硕士	黑龙江	MOE23US1N20192028N
44	上海交通大学与俄罗斯莫斯科航空学院合作举办航空航天工程硕士研究生教育项目	硕士	上海	MOE31RU1A20192029N
45	江南大学与新西兰梅西大学合作举办食品科学与工程专业本科教育项目	本科	江苏	MOE32NZ2A20192030N
46	宁波大学与法国勃艮第弗朗什孔泰大学合作举办临床医学与生命科学博士研究生教育项目	博士	浙江	MOE33FR1A20192031N
47	浙江师范大学与美国恩波利亚州立大学合作举办音乐学专业本科教育项目	本科	浙江	MOE33US2A20192032N
48	台州学院与美国新墨西哥州立大学合作举办土木工程专业本科教育项目	本科	浙江	MOE33US2A20192033N
49	福建师范大学与美国匹兹堡州立大学合作举办学前教育专业本科教育项目	本科	福建	MOE35US2A20192034N
50	九江学院与俄罗斯克拉斯诺达尔国立文化艺术学院合作举办视觉传达设计专业本科教育项目	本科	江西	MOE36RU2A20192035N
51	华东交通大学与美国匹兹堡州立大学合作举办车辆工程专业本科教育项目	本科	江西	MOE36US2A20193036N
52	山东财经大学与加拿大达尔豪斯大学合作举办统计学专业本科教育项目	本科	山东	MOE37CA2A20193037N

序号	项　目　名　称	学历层次	地区	批准书编号
53	中国海洋大学与英国赫瑞-瓦特大学合作举办计算机科学与技术专业本科教育项目	本科	山东	MOE37UK2A20193038N
54	安阳工学院与维也纳应用科技大学合作举办机械电子工程专业本科教育项目	本科	河南	MOE41AT2A20193039N
55	郑州西亚斯学院与美国亚利桑那大学合作举办音乐表演专业本科教育项目	本科	河南	MOE41US2A20193040N
56	郑州轻工业大学与意大利卡梅里诺大学合作举办食品科学与工程专业本科教育项目	本科	河南	MOE41IT2A20192041N
57	河南师范大学与美国威斯康星大学绿湾分校合作举办环境工程专业本科教育项目	本科	河南	MOE41US2A20192042N
58	中国地质大学(武汉)与美国伊利诺伊理工大学合作举办计算机科学与技术专业本科教育项目	本科	湖北	MOE42US2A20192043N
59	武汉工程大学与澳大利亚科廷大学合作举办化学工程与工艺专业本科教育项目	本科	湖北	MOE42AU2A20192044N
60	武汉科技大学与荷兰阿姆斯特丹自由大学合作举办计算机科学与技术专业硕士研究生教育项目	硕士	湖北	MOE42NL1A20192045N
61	湖南师范大学与德国柏林媒体设计学院合作举办艺术设计学专业本科教育项目	本科	湖南	MOE43DE2A20192046N
62	岭南师范学院与爱尔兰高威-梅努斯理工学院合作举办烹饪与营养教育专业本科教育项目	本科	广东	MOE44IE2A20192047N
63	深圳大学与法国南特高等商学院合作举办金融科技与风险控制理学硕士学位教育项目	硕士	广东	MOE44FR1N20192048N
64	海南热带海洋学院与奥地利克莱姆斯高等专业学院合作举办市场营销专业本科教育项目	本科	海南	MOE46AT2A20192049N
65	三亚学院与美国伯克利学院合作举办国际经济与贸易专业本科教育项目	本科	海南	MOE46US2A20192050N
66	西南大学与澳大利亚詹姆斯库克大学合作举办动物科学专业本科教育项目	本科	重庆	MOE50AU2A20192051N
67	长江师范学院与马来西亚理科大学合作举办土木工程专业本科教育项目	本科	重庆	MOE50MY2A20192052N
68	电子科技大学与法国鲁昂高等电子工程工程师学院合作举办电子嵌入式系统专业理学硕士学位教育项目	硕士	四川	MOE51FR1N20192053N
69	成都大学与韩国嘉泉大学合作举办电气工程及其自动化专业本科教育项目	本科	四川	MOE51KR2A20192054N
70	四川电影电视学院与美国格林斯伯勒大学合作举办数字媒体艺术专业本科教育项目	本科	四川	MOE51US2A20192055N
71	贵州商学院与澳大利亚悉尼国际管理学院合作举办会展经济与管理专业本科教育项目	本科	贵州	MOE52AU2A20192056N

序号	项目名称	学历层次	地区	批准书编号
72	西北农林科技大学与美国亚利桑那大学合作举办环境科学专业本科教育项目	本科	陕西	MOE61US2A20192057N
73	西安交通大学与法国 SKEMA 商业学校合作举办创业与创新(大数据与人工智能管理)硕士学位教育项目	硕士	陕西	MOE61FR1N20192058N
74	西北师范大学与波兰波兹南艺术大学合作举办环境设计专业本科教育合作项目	本科	甘肃	MOE62PL2A20192059N